李宗瑞

李宗瑞 著

反敗為勝

堅持下去的勇氣

　　李牧師的一生見證為我提供了勇氣和謙遜的教訓，溫斯頓‧邱吉爾說：「成功並非終點，失敗並不致命，最重要是有堅持下去的勇氣。」

王文祥

台塑集團創辦人王永慶次子

生命美好的見證

　　非常榮幸及感恩能有機會對李牧師此本大作《反敗為勝》先睹為快！不論作為傳福音的美好見證或作為信徒的靈命造就，這本《反敗為勝》都很相宜！而且文筆流暢，讀來一氣呵成，欲罷不能。裡面還有順帶提到養生之道，真是受益匪淺！

　　身為一名基督徒及牧者，總是盼望看到神大能多多彰顯在這世上，在本書中看到這麼多神活潑大能的見證，讀來可謂大快人心！

　　李牧師廣傳福音，不乏餘力！2018年3月27日，在我生日當天，到了我台南的老家，原本八十歲的雙親，對福音的態度，一位是有防衛心，一位是沒興趣的，竟然在聽完李牧師的故事後，很神奇的做了決志禱告及接受了洗禮，真是我最棒的生日禮物！

　　衷心祝福李老師這本大作《反敗為勝》，廣為流傳，榮神益人！

黃亞新

原威盛公司中國區業務總監

深圳美年主豐盛教會創會長老

人的盡頭，就是神的起頭！

　　這本書，彷彿是我們人生的縮影，每個人都會面對健康、學業事業、婚姻親子關係、人際關係等許多的問題。作者記錄了許多，當他面對挑戰與無法預期的挫敗時，是如何在緊要關頭反敗為勝，經歷到「人的盡頭，就是上帝的起頭！」的美好例子！

　　我們一生有太多需要面對的困難、挫折、挑戰，但是走過這麼多，常常我以為是絕境的時候，卻總能因為有了上帝而絕處逢生！所以更加地明白，上帝不會使我們白白經歷這失敗、苦難、絕境，而是要使我們在當中抓住上帝永恆的盼望，倚靠上帝，就能經歷如同《聖經》所說：「義人的路好像黎明的光，越照越明，直到日午。」相信這本書必定會祝福正在為人生努力的你，使你可以看見上帝在當中的信實與帶領，成就極大美好的祝福在你身上！

劉群茂

台北士林靈糧堂主任牧師

危機就是轉機

我們常常以為人生都是線性的發展，通常能夠一帆風順，我們的生活才會幸福美滿，其實「意外的人生，才是真實的人生」。這些意外，可能是健康、可能是工作、可能是家庭出意外……，碰到意外反而能夠讓我們面對自己的不成熟，修剪我們的生命，趨向更成熟的人生。

看到宗瑞《反敗為勝》這本書，更加印證了這一點。他的人生曾經在生活、健康、工作、甚至婚姻出現許多的狀況。但是透過這本書的分享，他清楚地展現如何透過神的恩典，能夠重新面對自己所犯的錯誤，交託仰望在神的手中，徹底的改變，進而能夠將他的人生翻轉，反敗為勝。

在這本書當中，我們看到有九章的內容，描述在他的健康、在他的學業、在他的事業、在他的婚姻、在他的親子、在他的說話、在他的財務、在他的盼望、在他的末日，如何沒有喪失信心，藉著神的力量反敗為勝。這些故事也是我們的故事，例如在我最近出版的《人生第二曲線》，書中也有類似的經歷。但「危機就是轉機」，人生碰到意外、碰到危機，其實是讓我們放下自己，不抱怨過去，而是放眼未來，能

夠更領略神的心意，將這些危機變成轉機，這是我看這本書得到的啟示。

宗瑞用他的一生來印證神的恩典，讀這本書的讀者，不僅可從他的見證當中得到激勵，也得到提醒。在我們生活、工作、婚姻、親子各方面，仍然要謹慎經營，否則犯了錯常常造成巨大的損失，但也藉著神的恩典及時改正，能夠深切反省，反敗為勝。

希望每一位讀者，從這本書當中，都能夠珍惜自己的人生，用正面的態度來思考，如何不斷的翻轉自己的生命，靠著神的恩典來走上正途。願神祝福保守大家。

郭瑞祥

台灣大學工商管理學系教授

目錄 Contents

推薦序

王文祥（台塑集團創辦人王永慶次子） ...3

黃亞新（原威盛公司中國區業務總監） ...4

劉群茂（台北士林靈糧堂主任牧師） ...5

郭瑞祥（台灣大學工商管理學系教授） ...6

前言 ...11

第一章　從小體弱多病卻得著身心健康的祕訣 ...15

第二章　多次名落孫山卻逆境成為博士的過程 ...33

第三章　高峰跌入谷底卻進入天賦事業的開創 ...49

第四章　婚姻徹底失敗卻走出死蔭幽谷的經歷 ...65

第五章　親子關係破裂卻帶來浴火重生的相愛 ...83

第六章　長年結巴口吃卻成為知名講員的突破 ...103

第七章　財務破產歸零卻贏得真實富足的獎賞 ...117

第八章　只想一死了之卻找到永恆價值的盼望 ...133

第九章　面對末日景象卻領受超前部署的啟示 ...145

前言

　　由於多年移民在外，較少時間待在台灣，但幾年前，我的名字突然在台灣社會新聞媒體上大量出現，才發現有一位和我同名同姓的富二代「爆紅」起來。他被指控偷拍，迷姦多名女子而被警方拘捕，經過多次審判，最終依妨害性自主罪被判重刑。因著他的緣故，如今**在台灣，「李宗瑞」幾乎已成為淫魔的代名詞**。當我知道他的消息後，心中就有感動，希望有機會去探望他。當這位年輕的李宗瑞還被關押在台北看守所期間，我有機會在那裡與他相見。當他看到我的名片時，驚訝地對我說：「我們同名同姓，但我們的命運為什麼差那麼多？」我告訴他：「我以前和你也差不多，我們在上天面前都是罪人，只是大罪和小罪的區別而已。」我將自己反敗為勝的故事告訴他，希望鼓勵他走上悔改更新的道路。

　　事實上，也曾經有人將我的名字拿去算命，算命先生說我「李宗瑞」天生桃花運，這樣看來，另一位李宗瑞和我都可能因著這個名字，而受到「好色」的綑綁，就像有人天生賭性堅強，有人天生好吃懶做。

在我成長的過程中，我既不好賭，也不好吃，但異性卻對我產生極大的吸引力，而這個致命的吸引力就導致我在三十八歲那年走到人生的盡頭。當時，我是公費留學生，由台灣中山科學研究院派往美國，攻讀電子工程博士學位。由於當年國防部不准家屬同行，太太孩子都留在台灣，我只好一人前往美國，獨自面對四年孤單的留學生涯。

左：年輕時的我
右：七十歲的我

李宗瑞
反敗為勝

在美國名校讀博士壓力巨大，非常辛苦，抱著只能成功，不許失敗的信念，我們日以繼夜的學習，沒有假日，不分晝夜，除了吃飯睡覺，幾乎都在研究室裡。每個同學在這樣的壓力之下，都各自尋找紓壓的方法，而我最喜歡的愛好，就是跳舞。不管再忙，每周至少去迪斯可舞廳一次，藉由音樂舞蹈消除緊張的壓力。除了跳舞需要舞伴，加上夜店燈光美氣氛佳的環境，自然增加許多認識異性朋友的機會，在面對各種壓力和內心孤單的情況下，不知不覺在海外也有了婚外情。然而，紙總是包不住火的，若要人不知，除非己莫為。當太太知道這件事之後，毅然決然和我離婚，一個月內，婚姻關係、親子關係、財務房產、學業學位、事業前途、身體健康、人生盼望一夕化為烏有，使我走到人生的絕境。

但人的盡頭卻往往就是上天的起頭，當我回到上天面前誠心悔改，並專心倚靠時，他就幫助我全部反敗為勝。本書各章就是記載我個人在健康上、在學業上、在事業上、在婚姻上、在親子上、在話語上、在財務上、在盼望上，甚至在末日的危機上反敗為勝的故事。我期盼這本書對每一位讀者都有些可參考之處，俗話說「家家有本難念的經」，我相信每個人都有自己面對的難處，既然上天可以幫助我在人生的方

13

方面面反敗為勝，相信他也必定能幫助每一位願意的人，願本書為所有的讀者帶來最大的祝福。

在此，首先要感謝我的母親生我、養我、教我，她不離不棄的愛，使我走到今天。其次要感謝我的妻子貞和所有兒女們，一直在各方面支持與鼓勵著我。在本書的寫作上，我要特別感謝我的大女兒李家榛，在內容上提供了許多寶貴的建議及潤飾，我也要感謝同事們對我的鼓勵，其中任美睿也幫助做了許多文書上的調整。當然最要感謝的是上天對我的保守與引導，是他，使我的人生能夠全面地反敗為勝，願所有的榮耀歸給他。（註：在華人固有的文化中相信皇天上帝是創造宇宙萬有的主宰，老百姓習慣稱他為老天爺、老天或上天。為便於華人閱讀，本書中作者使用「上天」一詞代表造物主，也是基督徒所相信的上帝。）

李宗瑞
反敗為勝

第一章
從小體弱多病
卻得著身心健康的祕訣

　　台灣1950年是個貧窮的年代，我是一個從小體弱多病，不被親戚看好，甚至差點被棄養的小孩，到蛻變成兩岸三地知名的電子博士牧師，其中一篇講座在優酷視頻上，一年內超過百萬人次點閱，在YouTube上也有將近十萬人次的閱覽。七十歲的年紀仍保持匀稱敏捷的身材，光滑的皮膚，較實際的年齡年輕十至二十歲的外貌，和不斷進取的心境，在數十年的經歷中，找到生命的本源，發現身心靈健康的祕訣，翻轉命運的挑戰與困境，這一切是如何做到的呢？

體弱多病的兒童少年時期

　　母親形容我，生下來就是白白淨淨的，鄰居誇我長的像白面書生一樣。但是由於她那時候年輕不懂得產後保健，貪吃了一些不乾淨的冰棒影響哺乳期的身

體健康，所以我出生不久，母親就無奶可餵了。她帶著我到一位中醫師的親戚家住一段時間來調養身體。那時姑媽為我熬煮稀飯，又為了讓我能多吃些，就在稀飯中放了很多糖，沒想到我的腸胃就這樣給搞壞了。從那以後，我經常腹瀉，整個人瘦得不成人形。

　　腸胃的疾病在我兒童及少年時期困擾了我多年，由於身體非常虛弱，每天晚上睡覺都會不斷出冷汗，母親就在我胸前背後塞個毛巾防止我著涼。到讀小學的時候，又得了氣喘病，經常不能好好睡覺和休息，**母親經常日以繼夜的坐在我旁邊守護著我**。我的兒少時期就是在吃藥、打針、看病中度過的。

　　非洲難民小孩的模樣，可能就是我小時候的寫照，因為營養不良，頭大大的，脖子很細，皮包骨的四肢更是無力，當時的家是日本式榻榻米的房子，我常常手扶在窗臺上，然後頭靠在上面往外看。母親至今回想當年，都常掉眼淚，到了兩歲多我都沒有辦法站立，更不用說走路，母親就買了一個學步車，讓我坐在裡面慢慢地學走路。為了給我補充營養，母親經常為我預備些好吃的食物，但那時候才幾個月大，而強壯無比的弟弟聞香就爬過來，抓著我的學步車站起來，直接搶我東西吃，我卻虛弱的無力反抗，只有哇哇大哭。

李宗瑞
反敗為勝

由於腸胃不能直接從食物中吸收營養，導致身體虛弱，長期營養不良，經常需要打營養針。母親幾乎天天背著我出去打針。遇到下雨天因為沒有車子，又怕我出去著涼，就不敢帶我出門。非常感謝當時有位叫柯榮瑞的醫生常常來幫助我們。因為我實在是瘦到沒有肉了，一般護士不敢幫我打針。柯醫生知道，只有他才能幫我打，一到下雨天，他就騎著腳踏車，穿著雨衣到我們家來幫我打針。

　　常常需要吃藥、打針、看病，使得家裡的經濟非常拮據，親戚們也瞭解我們的困境。當時是警察局局長的大伯，特意從台灣北部坐十幾個小時的火車到南部來看我們。當他看到我的身體狀況時，頗具見識的他，就跟我的父母建議將我放棄。但是，**感謝上天的憐憫！感謝父母的愛，他們沒有聽從大伯的建議，他們在經濟極為困難，而我又看似難以存活的情況下，仍然盡全力幫助我、醫治我、照顧我，讓我繼續一步一步地成長起來。**

　　到了上學的年齡，仍有各樣的軟弱。由於課業壓力大，同時，還常常被腸胃疾病、氣喘和過敏體質等問題所困擾，一直熬過了小學、初中和高中的求學時期。能夠堅持走過，對我而言真是一點也不容易的歲月。

左：母親和姊弟和坐在嬰兒車裡的我
右：瘦弱的我和父母姊弟（作者為左一）

　　高中畢業後，雖然考上了私立大學（那時代，大約只有三分之一的人才能考上大學），但是考慮到父母沒有足夠的經濟能力供我去讀私立大學，我就主動選擇了同時考上的一所軍事院校「中正理工學院（現今是國防大學理工學院）」。「軍校」顧名思義要接受各種軍事訓練，我不知道自己這麼瘦弱的身體是否能夠經得起軍校裡的嚴格訓練。父母儘管很不捨，但也實在承擔不起高昂的私立大學費用，只好同意我的選擇，母親流著淚送我搭上了北上去讀軍校的火車，但沒想到的是，我卻因此而得福。

李宗瑞
反敗為勝

軍校的第一個必修課就是在「成功嶺」進行為期十一周的軍事訓練。經歷過那個年代的人都知道，那是一個非常可怕的地方，有著異常嚴酷的訓練。剛報到，班長立即派人把我們頭髮全部剃光，並將衣服全部換成草綠服。吼著警告我們：「在這個地方，合理的叫訓練，不合理的叫磨練！」有一次，有幾位同學惹得班長不高興，班長就命令他們在十秒鐘內，從通鋪底下的這一頭匍匐前進，爬到通鋪的另一頭，由於通鋪底下的水泥地凹凹凸凸非常不平，而班長用非常快的速度喊十秒，逼的那幾位同學拼命地往前爬，等爬出來時，他們的手臂上已血肉模糊。另一次，我剛躺上床準備入寢，另一排的一位班長走過來，大喊我的名字，叫我下床，我趕緊從上鋪跳下來，人還未站穩，跆拳道一段的班長一拳打在我的胸口，我還未反應過來，他已經離開，到如今，我也不知是哪裡得罪他了！這就是當年成功嶺上鼎鼎有名的魔鬼訓練營。

　　在那十一周當中，每天都被操練到精疲力竭。最高興的時候就是終於可以上床睡覺。至於勞累到什麼程度，從吃飯的狀態就可見一斑。六人一桌，四個菜，當一聽到「開動」的指令，我們就立刻「衝鋒陷陣」。基本的程序是：第一碗飯——四個菜幾乎全部消滅，第二碗飯——用所剩無幾的菜和菜湯拌飯，第

三碗飯及第四碗飯——用大鍋湯（有一點蔥花和蛋白）拌飯。四碗飯下肚後，我們有時還要急匆匆地跑到商店去買些牛奶麵包之類的，拼命往肚子裡塞，由此可以知道我們的體能消耗到什麼程度，肚子彷彿是個無底洞，怎麼吃都吃不飽。

特別是有段時間訓練「單兵攻擊」，共有七個站，是模擬戰場上各種狀況。每一個人都要全副武裝從第一站衝到第七站。有的站要跑步，有的站要匍匐前進，各站要用各種不同方法才能夠過去。每一站前面都有一個班長，看你做得不好就命令你回到第一站重做。有時好不容易衝到第六站，但那班長看不順眼，又讓我回到第一站重做全套動作！有一次在訓練過程中，真的覺得自己快要暈倒窒息了。

左：爸媽到成功嶺來探望我
右：中正理工學院學業學士照

沒想到神蹟發生了！十一周後，我父母到成功嶺來接我時，驚奇地發現我完全改變了，五十五公斤進去，六十五公斤出來，臉上都是橫著的肌肉，整個人脫胎換骨般，不僅氣喘不藥而癒，腸胃疾病也居然沒有了！在軍中那樣拼命搶飯吃的節奏，居然腸胃還能吃好了！**這個新兵訓練營使我整個體質完全改變。**我堅信上天的恩典就這樣臨到我的生命當中了！

奮發向上的青壯年時期

　　自小到大，母親從來都沒有逼我讀書，但我卻很想要力爭上游，把握每一個能夠前進和向上的機會。當我結束中正理工學院四年的學業後，學院就用抽籤的方式，將我們這些畢業生分配到不同的單位，我們這些菜鳥最怕抽到就是「金、馬獎」。這當然不是影視圈的最高榮譽「金馬獎」，而是軍事院校的「金門、馬祖獎」。金門、馬祖與廈門隔海相望，有著很多駭人的傳聞，像是到了晚上「水鬼（蛙人）」會從對面摸上來。傳說有一碉堡裡的駐兵，一個班九個人睡覺頭朝外，有一天水鬼摸上來，把九個人的頭全部給摸掉了。除了這個關於「水鬼」的可怕傳言外，更擔心的是，晚上巡邏喊口令的要求。我們做組長或排

長的，半夜要去巡邏檢查哨兵有沒有盡職。哨兵若看到有人靠近，通常都要求對方喊口令，而且每天晚上的口令都會更換，來辨別敵我。對於當時說話結巴的我，需要克服極大的懼怕擔憂，如果哨兵要我喊口令，而我結巴喊不出來，那就是子彈就要飛過來。結果是，越怕什麼就越來什麼，一抽就中了「金馬獎」。

當我被分配到金門陸軍部隊後，我的內心仍渴望繼續學習，夢想將來從事高科技研發工作，所以在工作忙碌之餘，仍抽空去作考研究所的準備，**皇天不負苦心人**，終於成功的考上了碩士班！然而前面還有更大的挑戰，在當時的碩士班裡，只有前三名才可以進入中山科學研究院（中科院）作研究工作。為了更好的前途，我又拼了命讀書，最後終於拿到前三名，畢業後，就直接分配到中科院工作，得到我理想中的工作，薪水也幾乎增加了一倍！

雖然拿到了碩士，也進了中科院，可是我仍不滿足，盼望自己能有機會去美國留學讀博士。公費留學生名額很少，不僅在單位裡的表現要非常好，而且托福（TOEFT）成績也要達標。因此，我常常主動加班，在中科院加班是沒有加班費的，但是我自願晚上和週末去加班，希望表現給老闆看，盤算著能步步高

升。經過一段時間的努力，我知道從工作表現方面，我是有希望爭取到留學的名額，但是還有另外一個障礙就是托福考試，英文是我的弱項，為了實現我要去美國讀書的夢想，我無論如何也要通過托福考試！所以我利用晚上和週末從桃園龍潭跑到臺北去補習英文，別人出去玩，我就在房間裡拼命苦讀，最終讓我勉強考過了五百五十分。其實這並不算是高分，但令人高興的是，它讓我夠資格申請到好學校，同時我也得到留學名額，終於可以去美國，多年的夢想實現了！

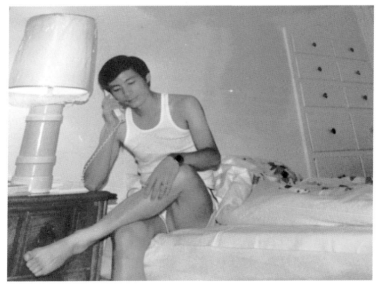

孤身一人前往美國留學

在美國德州奧斯汀大學攻讀電子工程博士學位

　　那時我最大的願望，就是拿到美國前十名大學的博士學位後，回台灣後就有機會晉升將軍。想到當年研究所所長和我們講話都是很神氣的樣子，他是美國的博士，又是將軍，他的地位就是我當時所羨慕所追求的。

　　因為追求這些學位、職位、地位、金錢等慾望，慢慢地迷失了自己。過度的勞累和緊張，使得各種疾病又都回來。首先是得了十二指腸潰瘍，肚子餓的時候痛，飽了也會痛，痛到我全身前面後面都會痛。我的整個青壯年時期幾乎都是在時好時壞當中，不斷吃藥，不斷復發，反反復復，好像永遠都擺脫不了這個

循環。我曾看過無數醫生，他們也束手無策。同時，我那時體質過敏也很嚴重，常常流鼻水打噴嚏，鼻水就像水龍頭打開一樣一直往下滴，我想盡各種方法都不能止住，這就是為什麼我養成帶手帕的習慣，因為那個時候打開包包，找紙巾根本來不及，而鼻水流多了，頭也就跟著痛。除了這些疾病之外，心血管疾病也時常困擾我，因為母親有心血管疾病，我的姊姊弟弟都有心血管方面的問題。那時我也時常感到心臟不舒服，去醫院檢查，醫生也說有問題。現在我知道這一切究其原因是，貪圖名利的慾望使我失去了平安和喜樂，也失去了健康的恩典。

由於長年追求名利，夫妻關係一直不好，我又常在外結交女友尋求安慰，結果，當我在美國讀博士讀到一半的時候，失去了一切所有，一度想開車到河裡結束生命。但感謝上天的保守，我沒有選擇去自殺，在這段痛不欲生的時間裡，讓我學會反省與謙卑，回到台灣，在上天面前徹底悔改。

在痛定思痛後，沒多久，通過一個很巧合的機會讓我知道，原來我的十二指腸潰瘍是可以醫治的，發現是幽門螺旋桿菌在腸胃裡作怪，而治療的方法卻是非常簡單，只需連續吃三個禮拜的抗生素就會好。過去二十年都沒有辦法治好的頑疾，只是因為我悔改

了，上天就通過這位醫生，輕而易舉地解決了我的問題。不僅如此，我的過敏症狀也逐漸減輕，很少打噴嚏流鼻水了。移民到澳洲之後，我也去做過心臟專科檢查，醫生說一切正常，沒有什麼問題。

如鷹返老還童的中年養生時期

我的養生第一要點，就是要回歸上天。他創造了大自然，我們必須遵循自然的法則來生活，才會有健康的身體。有句話說「順天者昌、逆天者亡。」當我們願意順服上天，我們的生活就會開始規律、開始節制，我們就會開始慢慢改變過去的習慣。聽說在有些少數民族裡，七八十歲老人登山如履平地。而他們老人保持健康長壽的祕訣之一就是「日出而作、日落而息」。事實上，人在晚上十一點時，必須進入熟睡狀態，這樣肝臟才能夠排毒。如果十一點還不睡覺，肝臟是無法順利排毒，日積月累下來肝臟就會出問題。如果希望身體健康進步成長，**確保十一點前上床睡覺，是養成良好習慣的第一步**。萬事起頭難，但當我們開始願意順從上天的引導時，所有的不良嗜好都容易慢慢戒除，自然而然就不會再想做那些有害健康的事情了。

李宗瑞
反敗為勝

同時，我們還需要養成運動的習慣。保持年輕體魄，需要適當清除體內的垃圾（自由基），並提供維持細胞健康生長的必要營養素，老一輩的人經常走很多路，做許多體力活。但自從工業革命後，人們的生活有了很大的改變，太多時間坐在電腦前，出門以車代步，少了運動機會，因此，每天至少安排30分鐘的運動或每天走6000步，並且增加一些肌肉訓練，有氧運動每個動作至少維持10分鐘，才能保持好的精神及體態。

　　除了邁開腿，也要管住嘴，在飲食上，我也是吃自然的食物，幾乎不吃人工加工食品。比如說，早餐我常會吃一個牛油果（酪梨）及一些核桃仁，牛油果富含豐富的維生素A、E和B2，對眼睛有益，建議經常坐在電腦前的上班族應該多吃。核桃仁含有豐富的必須脂肪酸（既不能人工合成，人體也不能自行生成，只能通過食物中攝取。），對人體極為重要，不但可用於治療前列腺肥大，也可參與膽固醇代謝，減輕血液粘稠度，提高組織供氧而消除疲勞。有助于減少心血管方面的疾病發生。而人造奶油是絕對不能吃的，其中的反式脂肪使肝臟無法代謝，也是高血脂、脂肪肝的重要原因之一。現代人都應該按照自然的原則去吃東西，多吃蔬菜和水果，少吃肉類，如果能夠按照

這樣的原則去做，免疫力就會提升，身體就會越來越好了。

當然不只是飲食方面，**我們也需要建立美好的生命素質，包含仁愛、喜樂、和平、忍耐、恩慈、良善、信實、溫柔、節制等等。**當這些美好的品格在我們裡面成長起來時，身體是不可能不好的，因為每一樣品格都可以幫助我們的身體更加健康。

助人為快樂之本

均衡飲食、規律生活和適量運動僅僅是健康的外在條件，而內心的喜樂和滿足感才是美滿人生的重要基石。問題在於，現實社會中往往是：人生不如意者，十之八九。那我們要如何做才能快樂呢？在自己的實踐中，有一種簡單又有效的方法，那就是「助人為快樂之本」，當我們去關心別人、幫助他人的時候，我們就不會定睛在自己的煩惱上。當我們能夠安慰別人、鼓勵別人、甚至幫助解決別人的問題時，我們就不知不覺地快樂起來了。那麼，我們到底要去幫助誰呢？其實，我們周圍的每一個人都有問題和困難，只不過平時人們都會把他們的問題和困難隱藏起來，不會輕易的向人表達出來，只有當我們真心的關

李宗瑞 反敗為勝

懷他們時，他們的心門才會向我們敞開，才會將他們的隱情說出來，這時候，我們就可以幫助他們了。

　　當我們去幫助他人的時候，心裡會感到無比的喜樂和滿足。世界上沒有任何其他東西可以讓我們的心得到真正滿足。讀到最高的博士學位又能怎樣？銀行帳戶存款後面再多幾個零就真的能讓我們滿足嗎？再多的房產一個人能住幾間呢？這些東西看上去光芒耀眼，但本質卻是短暫虛空的名利和事物，當我拿到博士學位證書的時候，反而有一種不真實感，有種「多年寒窗苦讀，只換來一張證書」的失落。我們應該要去瞭解我們生命的意義，當我們能夠進入自己人生的命定，我們就會感覺到是一個有使命的人，覺得人生非常滿足，當我們的人生變成有意義的時候，心態就會變得積極樂觀，身體自然會轉變為健康。

左：爸媽和姊弟全家福（作者為右二）
右：姊弟五人彼此相愛（作者為右二）

返老還童

2020年初，我回台陪母親過年，順便做了心血管照影的檢查，沒想到，結果卻是好的出奇，血管竟然完全沒有堵塞，心臟科主任都非常驚訝地說，我的血管比十幾歲的年輕人還要健康。有人或許會問有可能返老還童嗎？每當我看到小時候的照片時，我都不敢相信那就是年幼的我，簡直就是個「糟老頭」，因為很瘦，沒有肉，全身都是皺紋。但是現在我已經七十歲了，反而越來越年輕，見到我的人都不相信我的年齡。許多人的人生是「人生七十古來稀」，但也有人是「人生七十才開始」。**我們的生命屬於哪一種呢？**只要我們希望自己年輕，我們的確是可以返老還童，年長但不一定要年老。年歲雖然增加，我們照樣可以健康、喜樂，照樣可以心內有平安。盼望我們都能「如鷹般的返老還童」，讓我們的生命越過越健康，越過越美麗，越過越年輕，越過越有意義！

李宗瑞
反敗為勝

上：母親和姊弟在台灣大學
校園（作者為左二）
下：作者在耶路撒冷

Memo：幼年骨瘦如柴，長大後慢性病又纏身多年，但如今七十歲的我，健康已全面反敗為勝。你擔心自己或家人的健康嗎？我的經歷對你有何幫助呢？有那些想要調整的呢？

第二章

多次名落孫山
卻逆境成為博士的過程

　　我小學畢業考不上初中，高中畢業考不上大學，研究所考上又不讓唸，最後，卻在美國取得碩士學位及博士候選人資格，並在紐西蘭獲得電子工程博士學位，而且博士論文還發表在全世界第一名電子電機專業國際期刊IEEE上！這是怎麼回事呢？

一生的教育

　　我們都知道，教育是包含了家庭教育，學校教育，社會教育，及其他方面的教育。**人生就像一所終身學校一樣，在沒有離開世界之前都在學習，直到我們蓋棺論定的時候，上天就會給我們打一個分數。**我在學校一共學習了二十六年，正常來說，小學六年，中學六年，大學四年，然後碩士兩年，博士再四年，最多就是二十二年，但是我居然讀了二十六年書，為

什麼會這樣呢？

小學階段

　　當我小學畢業時竟然考不上初中。當年的臺灣，小學畢業需要參加全市的聯合考試，考上才有中學念，盡管大部分人都可以考上，但我居然沒有考上！歸納幾個原因；第一，父親經常調職，所以我們常常搬家。我一開始是在高雄縣鳳山鎮的大東國民小學就讀，唸到二年級，父親調職到新營市，所以只好跟著轉到新營國小唸書，但當時新營國小的老師不講國語，只講臺語，我像鴨子聽雷，一句也聽不懂，所以考試考的很糟，作業也沒做，老師非常生氣，認為我是在故意搗蛋。在那個年代，臺灣的教育接近日本式教育，老師就拿一根比我大拇指還粗的藤條，夾在我的手指中間，然後老師讓我把手放桌上，「啪」的壓下去，雖然指頭沒有斷掉，但也是立刻淤青腫起來了，我痛到幾乎暈過去！後來，父親到學校理論，也沒有用，就只好又安排我轉學！因為沒有公立學校可以去，就只好嘗試轉到了一所糖廠辦的附屬私立小學，不但學費貴，還要考試通過才能進去，好在是，我很順利的進入了這所蠻不錯的糖廠小學就讀。

李宗瑞
反敗為勝

然而兩年後，**父親又調職**到台南市，所以又被迫轉到台南市的勝利國小就讀，**這是我讀的第四間小學**。這時我已進入高年級（五六年級），大家都很緊張，因為很快就要面對聯考，大家幾乎都去做課外補習。那時候，高年級老師常常暗示學生到家裡面去補習，因為我身體不好，父母沒有讓我去，而且補習費也是一筆負擔，當時老師都靠課外補習賺了很多錢。現在都還依稀記得，那位老師騎著一台很大的摩托車來上班。那時候有輛重型摩托車就像現在開輛賓士轎車一樣威風。因此老師非常討厭我們這些不去補習的學生，沒有為他的第二收入帶來貢獻。所以老師對我們特別苛刻，甚至是虐待，他會給我們出比其他同學（有去他家補習的同學）還多的功課，是保證做不完的功課，而我們做不完這些功課就要挨打。當時有風聲說，手要塗點薑汁，這樣打起來比較不痛，現在想起來可能是老師放出來的話，所以我就上了當，偷偷摸摸趁爸媽不注意的時候，切一塊生薑在手上一直塗一直塗。到學校去，多少作業沒做完，就要挨多少下藤條，事實上塗了生薑的手，被打時感覺就更痛了，有時候老師盛怒下，還會讓我們把褲子脫下來打屁股，班上有男女學生大概五六十人，脫下褲子真是顏面掃地，被同學笑到抬不起頭來，就這樣日復一日默

默忍受著……，也最終導致小學畢業沒有考上公立初中。

中學階段

　　當我初中聯考落榜後，就只好去讀私立學校。當時私立學校屬於次等學校，一方面學費昂貴，二方面**是所謂的放牛學校放牛班**，一個混日子的學校，學校離家很遠，抱著虛弱的身體，每天花許多時間在通勤路上，但力爭上游的信念卻更堅定無比，除了更加用功讀書，父母也省吃儉用幫我安排一些課後補習，終於，以前三名成績畢業，而且很順利地考上了台南第二高中，也就是台南市第二好的學校。進入這所高中，就意味著得到一張上大學的門票，爸媽和我都好高興，爸爸還特別買了一輛新的腳踏車作為禮物來鼓勵我。

　　萬萬沒有想到，一年之後，**爸爸又調職了！**這次搬到高雄市，我只能依依不捨地離開了這所重點高中！當時，搬到另一個城市，不能馬上進入對等的學校，必須參加當地的插班考試，而插班考試是有名額限制的。高雄市最好的高中高雄中學只招收兩個自然組的學生，後來聽說這兩個名額也早已被其中兩位老

李宗瑞
反敗為勝

師的兒女內定了！次好的鳳山中學根本就不招收自然組插班生，最後沒辦法只好去讀不太理想又離家很遠的左營中學。雖然很努力讀書，又再次以前三名畢業，但是**大學聯考放榜的時候卻是名落孫山**。當時在臺灣考大學，大概只有三分之一的人可以考上大學，所以只好去補習班做了「高四生」，第二年重考時，才考上了一所私立大學——逢甲大學。當時左營中學畢業生能考上大學，也算非常不容易了！

大學階段

就在興奮的考上大學之餘，發現私立大學學費對已經很拮据的父母而言是雪上加霜，身為長子，底下還有三個弟弟，看到家裡的經濟如此困難，實在不希望給父母帶來太大的壓力，最後我決定放棄這所得來不易的逢甲大學，重新去考軍事院校，因為在軍校讀書不但不需繳學費，還可以免費吃住，並可以領一份零用錢，但條件就是要成為一位職業軍人！在臺灣跟在其他國家不太一樣，很多國家的年輕人很樂意成為軍人，但在臺灣有一句話「好男不當兵，好鐵不打釘」，這是因為台灣的軍人待遇差，而且沒有很好的社會地位，所以當時優秀的年輕人都不喜歡去讀軍

校。但為了家中經濟，我強迫自己去讀了軍校。這次順利考上國防部辦的中正理工學院，也進入了我喜歡的電機工程系。但是在那段時期，我開始與異性交往，而沒有太多專注在學業上，四年後，只能以中等成績畢業，無法爭取到留校當助教的機會。

絕大多數的軍校畢業生需要用抽籤的方式決定軍種及單位，當時，我們都希望抽到空軍，其次是海軍，再其次才是陸軍；因為大家都說，空軍像紳士（因為空軍穿著時尚戴著墨鏡）、海軍像流氓（因為海軍穿喇叭褲）、陸軍像乞丐（因為常在地上爬）。畢業抽籤時，籤運真是好到不行，一抽軍種籤，當成了乞丐！二抽單位籤，又中了「金馬獎（金門馬祖）」！抽到了金門前線，我就這樣被分配到金門的部隊去！

由於年輕時有說話結巴的問題，在部隊裡，經常要喊口令，一緊張就說不出話來，在部隊面前極為羞恥，所以非常想逃離部隊，部隊對我來說，是個很痛苦的地方，因此我盡量利用空檔的一點點時間，去好好讀書，希望能夠考上碩士班，早日離開部隊。又由於年輕氣盛、個性耿直，因為一件小事得罪了輔導長。有一天我擔任值星官，晚上要集合部隊晚點名，輔導長又帶著他底下有錢的兵，在他房間賭博不出

來，當時沒有顧及他面子，就跑到他們門口，喊他們出來參加晚點名，輔導長因此懷恨在心。

後來，我去考中正理工學院碩士班，因為弟弟在學校當助教，就跟我說「大哥你考到第六名」，所以就事先知道已經考上了，很高興等待一個月以後的放榜，沒有想到放榜之後，居然沒有我的名字！我和弟弟都覺得這事很蹊蹺，後來發現，**原來我得罪的那個輔導長，在我的紀錄裡面暗中記了一筆不實的資料，這筆資料直接導致我的碩士讀不成了，前途似乎也毀了**！然而，感謝上天，突然想起來部隊裡有位師長對我印象不錯，我就跑去他家請他幫忙，他為人非常正直，說一定要為我出頭。後來他帶我到國防部，找到總政治作戰部副主任，師長跟他說，願用自己的性命來擔保我，這樣才把我這個壞記錄給去掉，但是碩士班的名額卻無法保留，因為他們已經開課了！所以我只得次年再考，其實考試不是一定都能考上的，但感恩的是，第二年我考了第四名，終於進入了碩士班！

碩士階段

對我而言，讀碩士最重要的動力就是要脫離陸軍的管制。根據當時的制度，我必須要考上中正理工

學院的碩士班，才有機會重新分發單位，讀其他大學的碩士班，畢業後還是要回到陸軍部隊去。看著之前中正理工學院碩士班的同學畢業後，大多數都可以重新分派到中山科學研究院（中科院）工作。然而到我們那一屆的時候，只有排名前三名的畢業生可以到中科院工作。於是，當同學為拿到碩士班門票放鬆玩樂時，我已經又開始拼命讀書，兩年後，取得第二名的成績畢業，終於如願以償被分配到中科院，脫離乞丐的計劃終於實現！進入中科院後，不但薪水幾乎高了一倍，而且環境好很多，不用再穿軍服上班，當時的心情真可以用「春風得意」來形容！

但人的心好像永遠無法滿足，當我進了中科院之後，我的夢想又變成到美國拿博士學位，於是我又開始往這個目標前進。認真工作，晚上加班，週末也加班，在主管面前力求表現，所以我的職位升遷很快，沒多久，就帶領五十位研究人員。上司看我這麼努力，也把很多重要工作交給我，又很快升到副主管的位置，使我有機會爭取到公費留學的名額。

到美國念書還要通過托福（TOEFT）考試，我的語言能力很差，記憶力也不好，考大學的時候，英文只考了三十分，當時國防部要求，若到美國讀博士，托福成績至少要超過五百五十分。所以我又抓緊利用

工作之餘，北上台北補習，再次達到標準，可以到美國去讀書了！同時由於我的GRE考試數學部分考了滿分八百分，使我申請到美南最好的德州大學奧斯汀分校，我夢想著在美國拿到名牌大學博士學位後，將來回台灣有可能升上將軍，就像神氣的所長一樣，這就是我當時的夢想。

博士階段

人算不如天算，我到美國之後，雖然在學業上還比較順利，不但有好的學科成績，在研究工作上也有不錯的進展，並順利取得第二個碩士學位及博士候選人資格，但就在這個時候，**我家「後院起火」**了。由於自己三觀和前妻的一直不太協調，到了國外，又耐不住寂寞，開始在美國交女朋友，有了婚外情。在我三十八歲的時候，前妻決心和我離婚，兩個孩子也跟她走，我不忍心他們沒地方住，只好把台灣的房子給他們，事發之後，書也唸不下去，感到自己已走到人生的盡頭，就把頭髮全部剃光，打算開車到河裡一了百了！

最終還是沒有勇氣去自殺，決心回到台灣，面對父母家人、同事朋友，更重要的是回到上天的面前，

徹底認罪悔改，重新做人。我不斷地靠著上天加給我
的力量克服自己的軟弱，不斷地調整改變自己，我的
生命逐漸地從醜陋的毛毛蟲轉變為美麗的蝴蝶。當我
生命改變後，上天的祝福又重新降臨到我的生命中。
我愛我的兒女，雖然分開住，但仍希望幫助他們有更
好的學習。從國外回來後，覺得英語能力非常重要，
因著為大女兒找一位英語家教，而認識了現在的妻
子，經過一年左右的交往，再次進入了婚姻的殿堂，
並重新開始建立家庭。

　　1993年突然領受上天的啟示，我申請移民到紐西
蘭，隔年年底就順利獲得批准，並於1994年底從中科
院提早退休，舉家移民奧克蘭。後又在兩位長輩的提
醒鼓勵下，決心進入奧克蘭大學，第二次攻讀電子工
程博士學位。由於紐西蘭的教育是屬於英式系統，許
多研究工具都與美式不同，再加上我的年紀已四十出
頭，又要照顧家庭，更重要的是，在美國所學的專
業，在奧克蘭大學沒有，我必須重新選擇另一個專
業，在這種情況下，一度猶豫是否放棄。

　　但既然相信是上天的引導，我就勇敢前往，1995
年正式進入奧克蘭大學，專攻晶片設計，在一切都很
陌生的環境裡，我的學習成績卻非常的優異，許多科
目都是得著最好的成績，在博士論文的研究上，我也

非常順利地取得最好的成績，論文的研究成果發表在電子電機工程領域方面最好的國際期刊IEEE（The Institute of Electrical and Electronics Engineers），並於1999年初順利通過博士論文口試，得著了我最夢寐以求的博士學位。

反敗為勝的原因

回想在我求學路上，很多的障礙，種種的考驗，不斷來攔阻我前進的路。從小體弱多病、常常搬家換學校、小學畢業考不上初中，高中畢業考不上大學，考上後家裡又沒錢可讀，被輔導長陷害，考上碩士班卻不讓念，說話及語言上的缺陷，罪惡的捆綁，若不是上天幫助，我根本不可能在學業上完全反敗為勝。

上天如何將求學路上各種咒詛變成了祝福？首先，在我身體健康上，當我選擇去讀軍校，接受嚴格的入伍訓練後，我的體質由虛弱改變為健壯，而且一直保持非常穩定；其次是，進入大學後，所有的學費全部是公費，甚至退伍之後，到了奧克蘭大學，紐西蘭政府還給我們這些有永居身分的學生出基本生活費，使我們足以負擔學費有餘；不僅如此，雖然部隊輔導長暗中陷害，但當年部隊師長如戰神般挺身而

出，幫助我除掉壞紀錄。

後來，當我去奧克蘭大學讀博士時，老師特別喜歡我，不只是我的指導教授，甚至是我上課老師都很喜歡我，也不知道為什麼，其中一門課有四個老師，這四個老師都沒有給我們考試，只要求我們寫報告，而理工科的學生，特別是我，英語不好，最怕寫報告了，別的同學都用電腦將報告打得整整齊齊，圖畫的漂漂亮亮，而我只會用手畫和用手寫，但居然這四個報告全都得了第一名，還有一個老師給我一百分，再加兩個加號，我從來沒有看過這種成績，我真的覺得老師太愛我了！現在我確切的知道原因，是因為我決心過聖潔正確的生活，得著了上天暗中的祝福。

還有，讀博士最重要是選論文題目，題目一旦選錯，可能會白費兩年功夫，而我在一個禮拜內，就找到一個非常好的題目，而且順利地完成論文，並發表在全世界最好的期刊，這在奧克蘭大學當年的學術水平來說是非常不容易的事！一個多麼簡單卻鮮為人知的祕密，當我們學會來倚靠上天的幫助時，這就是我們能夠反敗為勝的契機了。

我們要倚靠誰？

　　我們從小被教育，就是要靠自己努力才能成功，然而在我們一生當中，有太多事情是人力所無法解決的！例如，2019年末到2020年初，澳洲發生歷史上最大的森林大火，澳洲政府想盡辦法，卻無法將大火撲滅，澳洲總理在電視上說，這不是人力所能解決的，他只能請求百姓一同來禱告，祈求上天的憐憫，這時天氣才開始改變，燒了幾個月的大火終於撲滅了。

　　所以**我們要學習把重擔交給上天，不能全靠自己承擔**！在我們華人的文化裡，總覺得人定勝天，我們常說，餡餅不會從天上掉下來，但問題是，有很多困難是我們再努力也解決不了的，當醫生宣佈得了末期癌症，只能再活三到六個月時，我們能幫自己醫治嗎？醫生能使我們康復嗎？其實是沒人可以幫的！當孩子叛逆起來，是沒人可以幫的！當配偶要離婚的時候，是沒人可以幫的！當我們拼了命，考試還通不過的時候，是沒人可以幫的！當我們在國外許久，卻申請不到身份的時候，是沒人可以幫的！我可以再說許許多多其他的事情，也都是沒人可以幫的！就算最愛我們的爸媽，也都幫不了我們！既然世上有這麼多的事，都是自己或他人幫不了的，那我們為什麼不把這

些勞苦重擔交給上天呢？

上天既然創造我們，他愛我們，也非常希望幫助我們，只要我們來尋求他的幫助，他一定會幫助我們的！中國最早的一本書，《詩經》上說到：「窮極呼天。」當我們遇到困難時，我們是可以向上天呼求的！華人也常說：「**天助自助者。**」所以我們既需要自助（自己要努力），我們也需要上天助我們一臂之力！自己的努力加上上天的幫助，我們就必會成功。

我有一個親戚，很年輕就得了癌症走掉了，因為他太太是校花，長得又比他高，而瞧不起他，他太太常給他氣受，他的個性很木訥，說話也有點結巴，他把所有的氣全部往肚子裡面吞，不知道來倚靠上天，沒有把重擔交出去，而是自己承擔一切，就這樣得了癌症英年早逝！同時，有神就有魔鬼的存在，我們的世界，有許多邪惡的勢力，經常將咒詛加在某些人的身上，使我們聽到許多倒楣的不幸事件！可能某位朋友撞車了，可能某位親戚心肌梗塞了，但是這些事情不會發生在我們身上，**只要我們來倚靠上天，他會保護我們，這些事情是不會發生在我們身上的！它真的就不會發生！重要的事情説三遍！**

李宗瑞
反敗為勝

成功的秘訣

　　回想我求學的過程，小學六年，讀了四個學校；中學七年，讀了三個學校及一個補習學校；大學四年和碩士兩年，平順的在一個學校完成；博士先後在兩個學校，共讀了七年，加起來一共讀了二十六年書，十一間學校。一路走來有許許多多的艱辛，沒想到在最後，到了紐西蘭完成了電子工程博士學位，而且得著優異的成績！這都要感謝上天的保守看顧，得以順利的完成。

　　其實，**我們不但是在困難的時候，要來學習倚靠上天渡過難關，我們在平常也要學習遵守上天的法則**。他創造宇宙萬有，當我們敬畏他，他就必抬舉我們，使我們居上不居下，作首不作尾，使我們步步高升，走向得勝成功。當然他使我們成功的目的，乃是要我們能夠更好地去幫助別人。當我在奧克蘭大學讀博士的時候，雖然課業非常忙碌，又要照顧家庭，但我還是花許多時間去幫助華人移民。第一代的移民都會經歷許許多多困難，例如，語言上的困難、學業上的困難、經濟上的困難，甚至婚姻上的困難、兒女適應的困難，和健康上的困難等等。我們應該學習彼此相愛，彼此互相幫助，我們不應自掃門前雪！當我們

願意這樣做的時候，上天就會伸出他的手來幫助我們，因為「人在做，天在看」。**他會幫助有愛心的人走向成功！**

在奧克蘭大學時，我平常週一到週五，每天早上八點出門，下午五點回家，這期間是我在學校專心讀書的時間，而周間晚飯之後，還有周末時間，我多半都在幫助他人，甚至每個禮拜打一百多個電話去關懷別人，有時候也去拜訪別人，幫助他人解決一些困難，當我做這些事的時候，內心是無比快樂，而天上的祝福也就源源不斷的降臨下來。所以通過切身的經歷，讓我領悟到成功的祕訣就是「**敬天和愛人**」。當然，自己還是有自己該盡的責任，該努力的時候要努力，該專注的時候要專注，**即使有困難，也不要輕言放棄**，我相信皇天必定不負苦心人。

Memo：我在學習上曾歷經許多坎坷，讀過放牛學校，聯考又兩次失敗，竟然能完成博士學位。這些過程對你一生的學習有何啟發呢？對你的家人有何可以參考的地方呢？

第三章
高峰跌入谷底
卻進入天賦事業的開創

　　過去在事業方面的失敗和挫折，讓我學會了反省自己，使我脫離為賺錢而工作的目的，使我不求早日退休去享受人生，也使我學會了用永恆的眼光，進入上天給我的命定，發揮天賦潛能，開創真正適合自己的事業，成為更多人的祝福。

過度公義得罪了小人

　　我的第一個錯誤，自以為是的公義而得罪了所謂的小人。從中正理工學院畢業之後，我被分配到陸軍部隊裡去當排長。大學畢業生都是帶著一顆單純的心進入部隊，希望透過我們的努力對國家有所貢獻，但往往看到現實卻是令人失望。我的連長長得有點嚇人，卻非常好色。當時軍人收入很低，他常常要尋歡問柳，需要花很多錢，所以常常要跟我們借錢，他

「借」的錢當然是有借無還的。除了連長之外，我們還有一個副連長和連輔導長。副連長有點像榼子頭，誰也都不理。但是連輔導長有一個特色，就是很喜歡賭博。連裡面有一兩百人，他從資料裡面知道，所有當兵的家庭背景，就把有錢的兵全部調入連部班裡，他自己帶領。這樣就方便他經常帶著那些有錢的兵一起賭博，兵當然不敢贏他的錢，全部都故意輸給他，當然也因此得著一些特權，不把其他的軍官放在眼裡。有一天晚上我擔任值星官，我需要召集大家點名。連長早已溜出去找他的新歡舊愛，副連長沒有從房間裡出來，連輔導長帶著他的兵繼續在房間裡賭博。當我點名時，連部兵根本就沒人搭理我。一氣之下，我把連部兵從輔導長的房間全部叫出來，就這樣把連輔導長給得罪了，他就悄悄地在我的紀錄裡面，記了一筆假的不良紀錄。

　　現在檢討起來，每個人的立場、家庭背景、社會歷練有所不同，當我們看似對方錯誤而予以糾正，換作對方的角度，他可能也看我們是錯的。**在溝通與協調的過程，其實可以用更幽默的方式，同時顧及對方面子又能解決問題的方法。**輔導長可能從小在一個愛賭博的環境中長大，他以賭博排解軍中的苦悶，我卻在同僚面前，未考慮到輔導長的感受，大聲地斥責他

李宗瑞
反敗為勝

們，站在自己的角度，看似正義，在他們眼中應該只是個愛耍威風又自以為清高的值星官。如果當初換個方式恭敬的說：「長官，大家都在等您，可否先打斷你們的興致一下。」也許這個所謂的小人，日後反而有可能成為貴人。

過度信任倚靠自己

第二個錯誤是，除了自助外，不懂得我們還需要天助。**天時、地利、人和是相等的重要。**當時的我，只知道倚靠自己！發生了不良紀錄的風波之後，我更盼望能趕快離開陸軍。我當時的出路只有一條，就是考進中正理工學院的碩士班，並且要爭取到前三名畢業，才有希望脫離陸軍。所以我只有拼命地讀書，最終得到了第二名，進入了「中科院」。終於可以脫離陸軍的管轄，而直屬國防部，做我喜歡的研發工作了。其實這條路走過來，都是在倚靠自己，不知道還要倚靠上天的幫助，所以一路走來真是非常的辛苦。

拼命的表現來討好上司

第三個錯誤是，我想拼命用表現來討好上司。進

入中科院之後，當時院裡有許多人，想要出頭就需要努力表現。因此我常常晚上和週六自動免費加班。加班的時候，我最希望看到的就是我的大老闆也出現，讓大老闆看到我是如此努力的員工。我抓住每一個機會跟大老闆報告我的成果，小老闆看了很生氣，就警告我：「不要太早把頭伸出去，會被剁掉的！」但透過這樣的努力，大老闆表面上看起來也真的蠻欣賞我，他就給我安排很多事情做。事情管得多，自然管的人也多，所以我年紀輕輕就管理五十個研究人員。

我們當時負責雷達系統，整個電腦部分全部是由我所帶領的團隊負責。但是令我非常不解的是，我的職位雖然很高，看起來很風光，但我的薪水並不高，每次該升職的時候都沒有我的份。原來大老闆在利用我為他工作，卻把最好的優等待遇都給了那些他真正喜歡的人。**回想起來，我應該以謙卑的姿態將功勞歸給小老闆，或是告訴大老闆，都是小老闆的教導與幫助。**我沒有尊重小老闆的感受，就像很多公司裡，主管大都不喜歡愛出風頭的部屬，尤其是越級報告、越級表現、搶主管的風采。就算我們比直屬主管有能力，也應該謙卑地將功勞推給小老闆，不但做了人情，反而容易得到小老闆向大老闆讚許他自己的部屬，也代表他領導的好，得到雙贏的局面。學會做事

李宗瑞
反敗為勝

前，更應學會做人的道理。

自以為義不願順服權柄

　　第四個錯誤是，自以為義而不願順服在上位的權柄。當時我們跟美國有合作案，常常要派一些人到美國去參加培訓，經過培訓之後再回來把任務完成，因此我常常要為我手下的人爭取去美國出差培訓的機會，但是我的上司卻把我們出國的機會分一些給其他單位的人去，於是我就跟老闆據理力爭，理直氣壯的說：「這些工作將來是我們要完成的，你卻派別人出國，但是工作還是要我們做，這樣太不公平了。」我這麼做不僅得罪了上司，也得罪了其他部門的同事，所以在工作上有很多的挫折和不愉快。

　　其實，**我應該站在上司的立場看事情，也為其他部門著想，大家都希望有出國學習的機會，而不應該只想到自己單位的好處，大家同心合一，事情才會順利進行**。因著以上的四個原因，包含過度公義得罪小人、過度信任倚靠自己、拼命表現討好上司、自以為義不願順服等，讓我的事業之路不斷遭遇坎坷！直到我三十八歲失去一切所有之後，我才謙卑下來，檢討自己、改變自己，才逐漸明白發展事業的正確作法。

要得著上天的幫助

　　很多人可能有和我類似的經歷，加入職場，為了出人頭地，想方設法地靠自己的小聰明去巴結、加班、討好等等，其實這些做法都是無濟於事的。就像我的頂頭上司說的，頭不要伸出去太早！**所以不能貪心，屬於我們的不會跑掉，不屬於我們的，我們爭也是得不著的。**我過去靠自己的努力，很多事情就沒有辦法成功，該升職的時候也沒有我的機會。但當我了解「天助」的重要，回歸到上天的法則之後，我真的體會到有上天的幫助是多麼的美好，自助加上天助，我們就會在所有的事上都得勝有餘了。

　　所以工作要順利，第一點就是**不要倚靠世人，**以前我靠自己，也靠這個老闆，靠那個老闆，但想要得到的卻都沒有得到。第二點就是**不要倚靠人手所造的，**很多人為了升官發財、飛黃騰達就去拜人造的神。但我們想想看，俗語說「泥菩薩過江自身難保」，這些人造的神連自己都不能保護，怎麼能保護我們呢？第三點就是**不要倚靠錢財。**我的父母告訴過我，1949年之前，大陸的金圓券曾經貶值到要拿一大堆錢只能買一個饅頭，或許有一天我們也會抱一大堆現鈔只能買一條麵包。錢財其實是會長翅膀飛掉的。

第四點是**只要遵循上天的法則，就必然能夠領受作首不作尾，居上不居下的祝福。**

要為永恆作打算

我們很多時候都是為今天、為今生作打算。但如果能徹底反思一下，就會明白自己為今生所有的謀劃和努力都太短暫。所羅門王是以色列歷史上最強大時期的國王，他有一千個妻妾，並且是個非常有智慧，有聰明，有能力的領導者，治理非常強大的以色列帝國。但是擁有人間所有榮華富貴的所羅門，到老年的時候才認識到，他手上所作的，都是虛空，都是捕風。亞歷山大大帝雖然占領了當時他所能到達的每一片土地，但在死之前，他把兩隻手伸到棺材外面，告訴世人「我是空空的來，我是空空的走。」人花一生時間追求金錢，追求名譽，在離開這個世界的時候到底能帶走什麼？所以，凡是為自己所做的，都是極為短暫的，**只有當我們進入上天為我們計畫的命定時，我們所做的才會有永恆的價值。**我們每一個人來到世上，都不是偶然。我們來到世上，決不是只有三飽一倒（每天三頓飯、晚上睡個覺），而是有一個重要的目的，就是要成為別人的祝福。

就是因為懂得了這些法則，當我完成電子工程博士學位，我小弟力勸我到美國聖荷西（矽谷）賺大錢，但我卻立定心志跟隨上天的帶領，放棄所有的名利和慾望，立即成為一名傳道的人。可能有人會認為我很笨，好不容易得到的博士學位，卻把熱門賺錢的機會放棄，去追求一個看不見、摸不著的東西，但我知道這是上天賦予我的使命。我相信我做了正確的選擇，因為只有進入命定完成使命，才能存續到永永遠遠。

發展永恆的事業

　　有一本非常流行的理財、勵志書籍《富爸爸窮爸爸》，裡面將財富分為三類：第一種是競爭財富。大部分人通過工作所賺取的收入就是競爭財富。通過跟人競爭，通過不斷升遷，就好像大魚吃小魚似的，完全靠自己的個人力量去競爭才能夠賺到更多的錢，這就叫競爭財富；第二種是合作財富。這一種人比較聰明一點，知道自己個人力量有限，所以他就會和其他具有不同才幹的人聯合組成公司，發展企業，通過這種方式賺得很多錢，這就是合作財富；但是，**最高層次的財富是精神財富。什麼是精神財富？就是「不為**

五斗米折腰」的財富，工作的目的已經不再只是為了賺錢。如果有人出更高的薪水，就放棄現在的工作，那我們現在的工作仍舊是為五斗米折腰的工作，不是我們喜歡的工作，也肯定不是上天要我們做的工作。那樣的工作所積累的僅僅是競爭財富而已。

如果我們一輩子都做這種工作的話，我們一定會有身心俱疲的感覺，因為我們永遠都是在跟人家競爭。其實，上天創造我們，不是要讓我們受苦，他不要我們為五斗米折腰。我們每一個人都是獨一無二的，在我們的裡面有一個特殊的天賦是別人沒有的，只有我們能夠去做，而且當我們去做這個事情時，會為社會、為國家、甚至為整個人類帶來貢獻。**我們應該好好去尋求內心深處的感動與呼召，去做我們真正想做的事，去做我們真正喜歡的事，把上天給予我們的才華盡情地去發揮出來，不要擔心生活上的需要，上天自然會引導，自然會供應；當我們這樣做時，許許多多的人就因著我們而得著祝福了。**

要殷勤服事人

不管我們做什麼工作，都需要學習殷勤地去服事別人。我們能夠服事幫助越多的人，我們就越重要，

在公司裡，在社會上，自然而然地登上重要的位置。但是，當我們懶惰去服事人、懶惰去幫助人，我們自然而然地會被淘汰！所以當我們願意為使命而去發展事業，我們就能夠服事幫助到更多的人，這不只是在今生的世界裡，成為大家所需要的人；將來在永恆的世界裡，也將執掌權柄、治理世界，成為上天所重用的人。孟子說，「天將降大任於斯人也，必先苦其心志，勞其筋骨，餓其體膚，空乏其身，行拂亂其所為，所以動心忍性，增益其所不能。」當我們在世上願意服事人幫助人時，可能會經歷許多的困難，但至終必得上天的獎賞，必將承擔重責大任。

順服在上位的人

　　無論在哪裡工作，我們都要學會順服權柄。過去我不懂得這個原則的時候，得罪了我的上司，當時還覺得自己很有道理，但這僅僅是站在自己的立場上來看，並沒有站在對方的立場上來考慮，既不客觀也不全面。在上位的權柄都是上天所允許而設立的，不管他們好不好，我們都沒有資格去批評、去論斷，也沒有能力去反對、去抵抗。如果他們做錯決定，他們自己需要去承擔，我們可以提供建議，但他們一旦決

定，我們就需順服。除非他們要我們去做違法的事，我們才可以拒絕。總之，**發展事業正確的作法可以歸納為四點，包含需要得著上天的幫助、要為永恆作打算、要殷勤服事人、及順服在上位的人。**

曾經看過一個大學畢業生的故事，有位新手剛畢業進了某電視公司去主持特別節目，那節目的導播看她文章寫的不錯，又找她兼編劇。可是當節目做完，領酬勞的時候，導播不但不給編劇費，還扣一半的主持費。給收據的時候更要求：「你簽收一千六，但我只能給你八百，因為節目透支了。」這位新手當時沒吭聲，照簽了，心裡默默想著「君子報仇，十年不晚。」後來那導播又找她，她還「照樣」幫他做了幾次。

最後一次，導播沒扣新手的錢，變得特別客氣，因為那位新手被電視公司的新聞部看上，一下子成為了電視記者兼新聞主播。新手也曾經想去告他一狀，可是她想，沒有那位導播，她能有今天嗎？如果當初不忍下一口氣，又能繼續獲得主持的機會嗎？機會是導播給的，他是我的貴人，我何必去報復呢？

後來那位新手到了美國留學。有一天，一位已經就業的同學抱怨他的美國老闆「吃」他，不但給他很少的薪水，而且故意拖延他的綠卡（美國居留權）申

請。她當時對他說：「這麼壞的老闆，不做也罷。但你豈能白幹了這麼久，總要多學一點，再跳槽，所以你要偷偷學。」他聽了她的話，不但每天加班，留下來背那些商業文書的寫法。甚至連怎麼修理影印機，都跟在工人旁邊記筆記，以便有一天自己出去創業，能夠省點修理費。

隔了半年，問他是不是打算跳槽了？他居然一笑：「不用！我的老闆現在對我刮目相看，又陞官，又加薪，而且綠卡也馬上下來了，老闆還問我為什麼態度一百八十度轉變，變得那麼積極呢？」他作了「報復」，只是換了一種方法，他自我檢討，當年其實是他自己不努力。各種可恨的小人都可以激發你的潛能，成為你的「貴人」。所以當我們願意服從在上位的人，上天自不會辜負忠誠的孩子，甚至會大大祝福他，也算是傻人有傻福吧！

事業發展反敗為勝

首先就是我在台灣中山科學研究院的升遷。當我三十八歲失去一切所有的時候，照理說，由於自己沒有完成博士學位，又離了婚，對中科院的前途已經沒有任何盼望了。我回到上天的面前認罪悔改，開始調

整自己對整個人生的態度，在職場上，不再想方設法巴結上司，也不再拼了命去工作，只想盡好自己的本分。不久之後，我被調換到一個新的單位，按照常理而言，在新的單位獲得升遷的機會是很渺茫的，因為在新的單位裡沒有什麼貢獻。但出乎意料的是，調到新的單位兩年之內，上天幫助我將過去沒有升遷到的全部都升到了！我升到了技正，升到了上校，升到了副研究員，而這些都是影響我真正實質利益的，因為直接影響到收入，影響到退休金，甚至影響到現在。所以上天的作為真是奇妙！**當我開始不爭了，開始不靠自己的聰明去巴結，當我單單倚靠上天，兩年之內從頭升到尾，甚至我的頂頭上司都不知道我是怎麼升到的。**

其次是雪梨靈糧堂的創辦。當我開始明白上天對我的呼召後，我就毅然決然放棄我所擁有的熱門專業，2000年，我們一家人來到雪梨，誰也不認識，從零開始創辦教會，希望藉著上天的愛與能力，與人們分享偉大救恩的好消息，使人們在這裡可以找到愛、接納、醫治、幫助、希望、指引和鼓勵，並盼望與許許多多的人在愛的大家庭裡，彼此相愛、一起學習、充滿歡笑，並享受和諧的生活。二十年來，許許多多的人來到這裡，心靈變喜樂了、身體變健康了、婚姻

變幸福了、兒女變順服了、事業變順利了、財務變富足了，最重要的是他們的生命變成熟了。

第三是購堂和建堂的順利完成。當初雪梨靈糧堂成立時一無所有，到處借場地聚會，我們借過小學禮堂，警察局俱樂部、西人教堂……等等，在此過程中曾遭受過無數次的拒絕，找到一個適合的場地真是非常的困難，甚至當我們在警察局俱樂部聚會的時候，還有人丟雞蛋進來砸我們，我們只好向上天求告！我開始憑著信心去外面募款，也鼓勵會友慷慨奉獻，上天就感動很多人給我們財務上的支持，在他奇妙的恩典下，我們於2007年順利搬遷進入新堂，並於2011年還清所有貸款，順利完成耗資兩百多萬澳幣的建堂工作。

第四是領袖培訓學院的創辦。2008年初，再次回應上天的呼召，開辦澳大利亞領袖培訓學院，藉著四個系列的實用課程培訓國度領袖的人才。領袖培訓是非常重要的工作，**我們憑一己之力所能做的非常有限，如果希望擴大影響力，最好的方法就是訓練門徒，將自己美好的生命傳承下去，鼓勵他們去做同樣的事**。這些年來，我們已訓練出許多領袖，在雪梨靈糧堂參與服事，也有一些領袖陸續被差派在不同的社區、城市與國家建立分堂。

李宗瑞
反敗為勝

第五是末日方舟的開展。2020年初，又再次回應上天的呼召，開辦雪梨方舟協會，為末日災難的到來預備農場逃城。我們觀察世界的景象，自2020年開始，各種的災難接踵而來，如澳洲的大火、中美貿易戰、蝗蟲的肆虐、新冠的疫情、糧荒的預警、英國的脫歐、開始籌建歐盟軍隊、中東的局勢、各種天災的到來、氣候的變化、經濟的崩潰……等等，都一再讓我們看到末日即將到來，世界大戰隨時都可能爆發，我們必須為大家預備一個逃避災難的地方，我們需要預備足夠的糧食，來拯救災民的到來。

　　第六就是國度企業的預備。2020年中，也再次回應上天的呼召，開辦東方博士顧問公司。這些年來，上天都不斷地教導我預備國度的企業，將自己反敗為勝的經歷，轉化為一系列培訓的課程及實體的企業，來幫助人們解決生活上的問題，讓人們在健康上、在婚姻上、在親子上、在學業上、在事業上、在財務上、在戒癮上、在品格上、最重要就是在生命上都能反敗為勝，得著幸福快樂的人生。

人生七十才開始

　　馬來西亞現代化之父馬哈蒂，在他九十二歲高

齡，仍然為推翻貪腐政權而當選總理，為馬來西亞帶來改革與盼望，**我們也應活到老，學到老，善用我們多年工作的經驗，與年輕的一代一同努力，繼續的工作！不是為錢，乃是為了完成我們的使命，為了成為他人的祝福。**我已邁入七十歲，我堅定相信人生七十才開始，而不是人生七十古來稀！歡迎有志之士和我一起努力，幫助在許多痛苦中的人們都能反敗為勝。

Memo：從工作上許多的錯誤與失敗中，找到了上天對我人生的命定，雖已年屆七十，卻仍興奮的開展新的事業，成為更多人的祝福。不知你現在的工作是否讓你興奮？是否也找到了上天對你人生的命定？你天賦的潛能是否已完全開發？你想要如何成為人們的祝福呢？

李宗瑞
反敗為勝

第四章

婚姻徹底失敗
卻走出死蔭幽谷的經歷

　　在人生當中，婚姻是非常重要的里程。然而因著我個人重大的過錯，導致第一次婚姻徹底失敗。感謝上天的保守與帶領，在經歷這死蔭的幽谷後，竟然能夠浴火重生，使我第二次的婚姻能逐步的走向成功。

婚姻失敗的原因剖析

　　當我三十八歲，政府公派在美國攻讀電子工程博士學位時，第一次婚姻徹底的失敗了。在第一段婚姻當中有幾年，過著非常恐懼的生活，我不敢回家，在外面上班、吃晚飯，快到睡覺了，才敢回家。回家一杯水都不敢喝，很快洗澡，回到自己的房間，幾道鎖把門鎖起來，然後用沙發擋住門，才能安心睡覺。其實我前妻並不是那樣可怕，但是我的心裡面有種莫名的害怕，從彼此相愛到相恨，我覺得她好像變成仇

人，總有種錯覺，好像她隨時會把我一刀殺了。現在回想起來，那並不是她的問題，而是我的問題。

信心不足

由於從小身體瘦弱，讓身為男人的我覺得很丟臉；此外，那時講話結巴口吃，更是覺得丟人現眼；再加上當時的職業是軍人，在台灣是被一般人所看不起的工作；另外就是我有點齙牙，不敢隨便開口笑，怕人家笑話。那個時候，我眼中看到的都是自己的缺點，都是自我否定，基本上看不到自己有哪些優點。**因著信心不足，害怕溝通，而沒有正確的處理婚姻中的衝突，導致最後一發不可收拾。**

觀念錯誤

經歷過婚姻的坎坷之後，我認為傳統擇偶觀念中的「門當戶對」其實是非常有道理的。所謂「門當戶對」就是與一位俱有同樣或類似背景的對象結婚，這樣比較容易溝通和相互理解。人們常說三教九流，這並不意味著人有高低等級和階層，而是不同的職業、種族、所屬社團、教育等環境，就會孕育出不同的家

庭或族群文化。**夫妻雙方若來自類似的家庭、成長和教育背景，在婚姻中遇到問題時，就比較容易溝通和解決。**但是我年輕的時候，並不能理解到這一點，曾經認為傳統的觀念都是迂腐透頂。

除此以外，年輕時也非常拒絕通過「相親」的方式來擇偶。當我在台灣北部讀大學期間，有一次放假回到南部的家中，父母就為我安排了一次相親。我非常反叛拒絕，相親的當天就逃出家了，因為當時認為這是非常丟臉的事情，總是覺得自己應該要有能力找到女朋友，而不應該去相親！不過，現在我認為**有媒人在中間介紹其實更好，因為可以對雙方的背景有更多的瞭解。**

另外，我也和大多數人一樣，認為結婚以後，就自然知道怎麼作丈夫了，從沒想過在結婚之前須要去學習相關的課程或閱讀有關書籍，當時就是這樣糊裡糊塗地進入婚姻。我想已婚的人都有體會，婚姻並不像想像中那麼簡單，事實上，處理婚姻問題比我的科研工作還要困難。過去花那麼多年刻苦學習科研、接受訓練，才能進入職場，將所學專業發揮出來，但是很少有人在如何維護夫妻關係，這段最重要，也是最難的人際關係方面，進行系統地瞭解。**如今，我常勸告單身朋友一定要花點時間去學習，掌握如何選擇真**

正適合自己的結婚伴侶，以及如何做個好丈夫／妻子
的方法，即使是已婚人士，其實也需要儘快補上這一
課。

做法錯誤

　　正是因為這些錯誤的觀念，讓我不知道如何正
確地去尋找一位合適的對象，找到以後又不知道該如
何相處。現在社會都是自由戀愛，男女認識以後都有
很多單獨相處的機會。尤其男孩子自然會選擇到花前
月下的地方約會，很容易就有肉體親密的行為。伴隨
著各種解放運動，**現代人們對貞操觀念越來越淡薄，
年輕人交了男女朋友後，很快就同居在一起。其實這
種作法會給我們帶來很多傷害。**同居一段時間，如果
能結婚還好，如果沒有結婚的話對雙方傷害就更大。
所以我努力奉勸各位男士們，交往時一定要克制肉體
的慾望，**應該花更多時間去了解對方的個性、家庭背
景、三觀是否一致。**太快步入親密行為，無法理性思
考，只會為夫妻的關係帶來了長期隱患。

　　其次，處理和解決衝突時採用錯誤的方法。由
於兩人背景不同，一定很多想法做法都不一致。在起
衝突的時候，很容易用吵架的方式去解決。比如，我

李宗瑞
反敗為勝

前妻的父母認為孩子隨便養、隨便大，讓孩子自然產生抵抗力，不用過於小心照顧；但是我的母親剛好相反，她是一位非常小心翼翼照顧孩子的媽媽。記得小時候生病時，無論白天晚上，睜開眼睛，媽媽總是坐在我旁邊。正是由於這些不同養育孩子的觀念，我和前妻經常為了如何照顧孩子而爭吵。我常常埋怨前妻，就是因為她沒有給孩子穿夠衣服，而導致孩子生病。我們從不知道要如何解決這些衝突，以致最後以冷戰的方式來報復對方，甚至產生放棄婚姻的想法。

結婚兩年後，我就想要離婚。但為了希望我所愛的孩子有個完整的家，痛苦的婚姻就一直拖下去。那時的我，即使碰到這麼重大的困難，卻不懂得可以來求告上天的幫助，也不知道去尋找婚姻專家的協助，而是錯誤的用自己的方法來處理。錯上加錯的是，面對日益加增的婚姻痛苦，我心想在家沒有愛、沒有溫暖，我就去外面尋找；在家沒有得著肯定，我就去外面找人來肯定，**第三者的出現使我們的婚姻更加雪上加霜。**

愛心不夠

年輕時候我根本不懂什麼是愛情，錯誤地把情

慾當成了愛情。其實在聖經哥林多前書第十三章中講到有關愛的真諦：「愛是恆久忍耐，又有恩慈；愛是不嫉妒；愛是不自誇，不張狂，不做害羞的事，不求自己的益處，不輕易發怒，不計算人的惡，不喜歡不義，只喜歡真理；凡事包容，凡事相信，凡事盼望，凡事忍耐。愛是永不止息。」這才是真正的愛！檢討我之前自以為是的「愛」缺乏了忍讓、沒有包容、很少檢討自己、出了問題就怪罪對方，到後來就做出害羞見不得人的事，在婚姻之外又去找女朋友。由於自知理虧，心裡就產生恐懼，害怕對方報復殺害。雖然在婚前我覺得自己很愛她，不顧家人反對，堅持和她結婚，但不久後，我就發現那個愛是經不起考驗的，以致最後以恨代替了愛，彼此互相傷害。所以，**信心不足、觀念錯誤、做法錯誤和愛心不夠就是我第一次婚姻失敗的四個主要的原因。**

有關婚姻正確的觀念

上天創造人時是先造亞當，之後，又為他預備一個配偶夏娃來幫助他。上天用塵土造了亞當，又從亞當身上取出一條肋骨來造夏娃。對於這一點，曾經有很大爭議，因為很難被人類的進化論思想所接受，也

李宗瑞 反敗為勝

不容易想通。但是隨著科學的不斷進步，已經可以證明這是完全可能的。事實上，人體的元素和塵土的元素是非常的類似，也的確可以從人體取出一些細胞造出另一個人來。上天造女人是用男人身上所取出的肋骨造的，所以當亞當第一眼看到夏娃時，不由自主地讚嘆「這是我骨中骨、肉中肉」，**兩人實質是一人，所以夫妻二人的關係是比任何人都要親密的**。可是一般人的觀念卻是：父母是唯一的，而配偶是可以換的。如果家裡婆媳關係不好，就要換太太，而不能換媽媽。但是從造物的觀點來看，夫妻是最親密的，兩個人就是一個人，就像兩張紙用膠黏在一起，成為一張紙。當我們硬是要去撕開時，必定會帶來巨大的傷害。同時，既然是同一個人，兩個人在一起赤身裸體也不應羞恥。**二人既然成為一體，在婚約之內的性行為就是合理的，是蒙受祝福的**。相反的，如果在婚約之外發生性行為就會帶來破壞。過去我在這個事情上的錯誤，是第一次婚姻失敗的主要原因。如今，我才明白一些有關婚姻正確的觀念。

天賜良緣

我覺得最好的婚姻應該是由上天來安排的，在

上天的幫助下，男士們要找到自己的夏娃，女士們要找到自己的亞當。我們不需要有太多的擔心和憂慮，尋尋又覓覓。只要真實的相信和倚靠，上天自會為我們預備合適的配偶，是沒有別人可以代替，沒有別人可以相比的。當這個合適的人出現在我們生命中時，我們內心是會有感動的，**只要我們不要設定太多不必要的條件，一切順其自然，「天賜良緣」是不會錯過的。**

當我第一次婚姻失敗時，大女兒已經是小學高年級的學生，由於剛從國外回來，覺得英文很重要，就想為女兒找一位家教，在美國的朋友就介紹認識現在的太太貞，她是專門在補習班教英文的老師。後來，我想既然請了老師來教，與其只有我女兒一個人學，還不如多找幾位學生一起學，因此就擴大成為一個家教班。每次上課，都要負責接送她，這樣就使我自然而然有機會更多地認識和瞭解她。當我們的觀念和想法逐漸一致時，我們就慢慢走在一起了。所以正確的作法是，當找到一個心動的人，先不要太快投入感情，一定要先瞭解對方，如果兩人的人生觀、價值觀和世界觀大體一致時，就知道這就是上天為我們所預備的配偶了。

「骨中骨、肉中肉」的概念

我發現既然夫妻的關係是如此的親密，就像牙齒與舌頭一般，我們就需要有共同的三觀，三觀如果不同，就會產生很多的衝突。而夫妻關係既然如同骨中骨肉中肉，她屬我，我屬她，我們就不應屬於別人，應在婚姻關係中保持聖潔。當我進入第二次婚姻時，**我就立定心志保守自己，避免自己和其他異性單獨相處，免得受到試探和引誘。**也因為是骨中骨肉中肉的關係，夫妻一體不只是身體上的合一，更是心靈上的相通。一同奔走人生的道路，這真是何等的甜美。

丈夫要愛、妻子要順

我也學習到，由於男性被造的比女性更粗壯（用土造的），所以需要更多來承擔責任，成為一個有擔當的男人；也要學會細心地愛護妻子，如同愛護自己的身體一樣。而女性被造的比男性更精緻（用肋骨造的），所以需要更多學習謙卑自己，順服自己的丈夫，如同身體順服頭腦的帶領一樣，這在婚姻當中是非常重要的！否則一個家有兩個頭，公說公有理，婆說婆有理，到底誰要聽誰的呢？許多婚姻上的衝突就

是這樣發生的。這一點對於日本、韓國和台灣的女性來說，由於文化的原因，比較容易接受，也比較容易做到順服自己的丈夫；而從中國大陸來的女性，由於推崇「婦女能頂半邊天」社會文化背景，要順服自己的丈夫是比較不容易的！其實，**人生好比一台戲，我們都在扮演不同的角色，作妻子的就要扮演順服的角色，作丈夫就要扮演愛護的角色，只要角色扮演正確，婚姻肯定會幸福美滿的。**

永遠不要放棄

現代人的觀念是，合則來，不合則去。因此目前的社會離婚率已超過百分之五十，離婚就是徹底的放棄；在剩餘沒有離婚的夫妻當中，也有一大部分只是勉強維繫著婚姻。很多夫妻雖然還在婚姻中，但是身、心、靈各方面早已形同陌路，有時甚至比陌生人還不如。彼此都有很多負面情緒積累在心中，過多負面情緒累積就會感到心累了，也沒有了改變的動力，導致多數人都想放棄，不再努力了！雖然如此，我還是建議，不要隨便放棄！很多人知道婚姻不幸福像地獄，婚姻幸福像天堂。上天把我們放到婚姻當中，就是要磨練我們的生命，讓我們在需要用心經營的婚姻

關係當中，學會改變自己，學會忍耐對方，學會看到自己的缺點，學會看到對方的優點。當我們這樣做時，我們就可以預先嚐到天堂的滋味了。

我認識一對很好的夫妻，他們在結婚四十周年時，太太對丈夫說：「你知道嗎？我們結婚四十年，我忍耐了你四十年。」丈夫笑著回答太太說：「是的，我也忍耐了你四十年。」我的父母結婚六十多年，大家都羨慕他們。有一天，我母親私下對我說，我不知道怎麼會和你老爸過了一輩子！其實這就是真正的愛，是恆久忍耐的愛，是犧牲的愛，是意志的愛。雖然大家都有許多缺點，但仍然堅守下來，這個愛就不再是浮淺的愛，不再是自私的愛，不再是情慾的愛，不再是肉體的愛，這才是真正的愛。即使你有缺點，即使你不好，但我仍然愛你，就像父母對兒女一樣，這種愛才是偉大的愛。

夫妻如果遇到了問題，雙方都要盡量敞開心好好談一談，如果遇到一些困難是自身無法解決的，也可以來尋找外界的幫助。圖書館有很多婚姻輔導方面的書籍，也可以找一些雙方都信任的專家、顧問來協助。總而言之，就是不能輕言放棄。在我第二次的婚姻當中，也有遇到非常困難的時刻，也曾想過要放棄。但當我安靜下來，謙卑地來到上天面前，將一切

的痛苦和重擔交託給他，不多久，就有一種愛的能力從天而降，讓我能夠繼續的去愛我的妻子，不管她改變與否。不但如此，也有另一種自省的力量從天而降，使我看到自己的虧欠，使我願意去改變自己。如今我和妻子結婚已將近三十年，繼續在上天的扶持之下順利前行。

離婚的條件

那是不是絕對不可以離婚呢？我個人認為，有幾個條件是勉強可以離婚的。第一個就是對方確實已經有了婚外情第三者，如果實在忍受不了，想到這件事就噁心的無法忍受，再也不能跟對方作夫妻了，這個時候就只有離婚一途；第二個條件是彼此的三觀徹底不同，而且對方堅持要離開，勉強在一起就天天大吵小吵，也只好離婚了；第三個條件就是遇到家庭暴力的情況，確實有生命的危險，也是可以離婚的。除以上幾點之外，我覺得都不應放棄。

成功的婚姻關係

許多離婚的人再結婚後，多半又再次離婚，甚

至有許多明星結婚六七次，離婚六七次。這是因為生命沒有改變，離婚也就在意料之中。但我在第二次婚姻中成功的反敗為勝，我和妻子貞結婚至今已將近三十年，我們的個性其實正好相反，我就像汽車的油門一樣，總是往前衝，而她的個性則像汽車的剎車一樣，經常給我踩剎車！每次我想要做一件事，她就給我「潑冷水」，我當然會不高興。但我的生命已改變，就會從正面的角度看事情，我感謝上天為我預備這樣的妻子，幫助我不會衝得太快，讓我們這輛車子（婚姻）能平安前進，雖然我們的關係沒有達到滿分的標準，但是我們肯定不會放棄，並要向滿分的目標前進。我覺得我們婚姻往成功方向邁進有以下幾個原因：

建立信心

當我認識到，天生我才必有用時，開始正確地看待自己，開始對自己越來越有信心，逐漸建立了正確積極的自我形象，這樣就會幫助我找到一位適合自己的伴侶。我和貞因著家教班而認識，我比她大十二歲，剛開始時，我心裡擔心年齡差距太大，但是由於我有了良好的自我形象，我越來越有信心去追求她，

所以我們就開始交往了。結婚到現在，雖不時有些風浪，但是我們相信即使在風浪中，上天仍然掌權。碰到困難就去祈禱反省自己、改變自己，風浪也就止息了。此外，對於對方也要有信心，我們很多時候遇到衝突，就要求對方改變，這是一件非常難做到的事情，這種事情會讓我們產生很多挫折。在我的婚姻當中，我們也常犯這樣的錯誤，但是我仍然有信心，我相信上天會改變她，當然也會改變我。最近，貞回台灣探親時，在我母親那裡看到一些我年輕的照片，就說：「哎呀！宗瑞年輕的時候就像韓劇裡的男主角一樣！」我聽到這話，心裡也高興了很久。所以**讚美的話，是婚姻最有利的潤滑劑，我們應多用讚美的話來代替批評的語言。**

有真理做引導

夫妻在一起有很多重要的事情會起衝突，比如孩子教養、財務管理等方面的問題。這些衝突的解決之道就是：在子女教育方面，不是按她的背景，也不是按我的背景，而是按上天的真理去教育孩子；在金錢的使用和管理方面，同樣有上天的原則可以參考。比如我們常常給雙方父母們經濟上的支持，因為**孝敬**

李宗瑞
反敗為勝

父母是天經地義的事。雖然我們收入並不高，但盡力讓雙方的父母在生活所需方面不缺乏。類似這樣的事情，我們都是一起討論，然後一起決定。曾經有一位女士向我們訴苦，因為她的先生背著她拿很多錢給公婆，這件事本身並沒有錯，錯的只是他沒有尊重他的太太。這些事情都要公開地討論，然後按照屬天的原則來處理，這樣就不會爭吵。同時，還要注意自己的言語和行為，彼此互相尊重是健康婚姻關係的基石。每個人都有需要調整改變的地方，對我個人而言，我的脾氣比較急，常常會衝口說出一些不合適的話，雖然「江山易改本性難移」，但只要常常謙卑反省自己，認罪悔改，靠著上天加給我們的力量，我們就會慢慢改變了。我曾經有個嚴重的缺點，就是很喜歡到外面去找女朋友，但是和貞結婚後，再也沒有做過這種事，感謝上天改變了我！

保持聖潔

既然結了婚，就要忠於對方，因為試探、引誘到處都有。前不久我被邀請去參加一個商會的餐會，有位認識的女士看到我，就很高興地過來打招呼，那位女士一邊講話，一邊靠近我，我就一直往後退，這種

經歷讓我覺得很難受，我們一定要小心，如今世界上試探、引誘多得不得了，我們絕不可以給魔鬼留任何地步。我認識到魔鬼想把我打敗，最簡單的方法就是找一個美女來靠近我。我常提醒自己，千萬要小心，必須要拒絕所有的試探和引誘！我們需要常常與上天保持親近的關係，學習更多的來敬畏他，保守自己在聖潔當中，如果真的遇到困難，也一定要請一些長輩幫助，一同來抵擋魔鬼的工作！

夫妻同心同道

我和貞的屬靈生命是一起成長的，雖然我們的才幹恩賜不太一樣，我比較外顯，她比較內斂，但我們的靈命基本是同步成長的。夫妻一起成長是非常好的事情，我們都知道敬天愛人的重要性，如果夫妻靈命的程度不一樣，也容易引起一些矛盾的。我們移民到紐西蘭時，我常有感動去關懷陌生人，貞就鼎力支持我。我在外面看到人，主動跟他們打招呼、聊天，進一步就邀請到家裡吃飯。邀請人來家吃飯的是我，但做飯永遠都是貞的工作。每個週末，我都會邀請幾十個人來家裡吃飯，貞練就了一身在短時間內燒出很多佳餚的功夫！飯後聚會的時候，貞又變成了老師負責

照看孩子們的活動，我就可以專心地帶領聚會。我們同心合意地做上天要我們做的事。

　　我和貞在金錢的施捨上也是完全同心，從來沒有爭執過奉獻金額的多少。不管是她還是我有感動給予，對方總是同意，這也是確保婚姻和諧的重要因素。我時常感慨，有個家真好！我認為家的好處就是你可以把家打開，有男主人有女主人，可以邀請很多剛認識的朋友來家裡作客，這個世界非常冷漠，我們需要把愛活出來。很多人來到我們家，他們在這個家裡感受到溫暖，在這個家裡面看到榜樣，他們知道自己以後也會是這樣，也會得到上天的祝福！

愛的真諦

　　「愛的真諦」給了我很多的教導和提醒，我原先並不懂什麼叫做愛，想想自己真的愛配偶嗎？愛父母嗎？愛家人嗎？愛其實是要恆久忍耐的！周圍的人都有一些地方是自己看不順眼的，甚至包含自己的父母、配偶及兒女。他們都是自己最親近的人。我不但要忍耐，還要有恩慈。有些人覺得因為忍耐而不理你，但那不叫忍耐，那叫冷戰。所以面對妻子的缺點時，我不是只有消極的忍耐而已，而是積極的為她祈

禱，並更多的去包容、去接納她。上天所賜的愛是「永不止息的愛」。我相信靠著上天賜的大愛，我和貞的婚姻關系必會歷久彌新的。

Memo：夫妻關係是最親密，也是最不容易相處的關係。離過婚的人很容易再離婚！但當我領受恆久忍耐的愛後，第二次的婚姻就成功了。如果你已經結婚，你對你的婚姻滿意嗎？想要如何突破呢？或者是你不想面對這艱鉅的挑戰？其實，都不用害怕！幸福美滿的婚姻是可以得著的。

李宗瑞
反敗為勝

第五章
親子關係破裂
卻帶來浴火重生的相愛

　　雖然我是個非常愛孩子的父親，但過去的我卻是個失敗的父親。兒女和我之間曾經有許多的隔閡，主要是因為不知道要如何成為一個好父親。經過這幾十年的磨練，在上天的幫助下，也在與兒女們的互動當中，逐步地改進自己，慢慢地瞭解如何成為一個好父親。當然還要繼續努力，讓自己成為一個越來越好的榜樣。

一個曾經失敗的父親

　　雖然傳承了我母親對兒女的愛，很愛自己的孩子，但是卻沒有建立好的親子關系。在三十八歲的時候，前妻決定離開我，兩個孩子選擇跟隨母親，也離開了我！特別是大女兒，她是我第一個孩子，長得最像我，當時她已經十歲，也算是比較懂事了。然而，

讓我痛心的是她決定跟媽媽走，還說不要我這個爸爸了。當時我的大兒子還很小，不是很懂事，所以不太瞭解究竟發生了什麼。但大女兒的選擇令我非常傷心，當時我真覺得是徹底的失敗。然後我開始檢討自己為什麼會失敗呢？

大兒子小時候

大女兒小時候和我

李宗瑞
反敗為勝

沒有好的榜樣

　　我認為最不好的榜樣就是沒有敬畏上天。我們一旦心中無神，就很容易目中無人。我沒有思考「舉頭三尺有神明」，大多時候都是任性而為，就像臺灣一句流行的廣告詞「只要我喜歡，有什麼不可以？」由於我和前妻的成長背景有很大的差異，在很多事情上都意見不和，我們的解決之道就是大吵大鬧，一開始是熱戰，之後就冷戰。在爭執中，我對她的言語造成很多的傷害，而讓我前妻最受不了的是我在外面有了女朋友。所以我在孩子面前沒有好的榜樣，根本無法「言傳身教」了。

沒有好的態度

　　包含我在內，**大部分父母在教育子女的時候失敗，並不是因為講的內容不對，而是用錯了態度。**我常常在生氣的時候去責備孩子，這種管教的時機與態度就是錯誤的。在怒氣中對孩子會經常講出許多負面的話，有時甚至就像咒詛一樣，完全沒有尊重孩子的感受。其實每個孩子都有獨立的人格，都有自由意志，如果不尊重孩子，在某種程度上，就如同對孩子

進行情感綁架一樣，也可以說是在掌控兒女。即使我們都是希望為他們好，但卻是讓兒女難以接受的。

沒有好的教導

接著就是我沒有用正確的內容去教導兒女。在管教孩子的時候，我多半是根據自己的喜好、自己的標準去管教去教導。**我曾經也認為「天下無不是的父母」，其實這種想法本身就是非常值得推敲的。**一旦有了這種根深蒂固的觀點，就會倚老賣老，誤以為管教孩子都是為了孩子好，都是正確的。如今回想起來，因著不明白上天的真理，在我過去的教導當中，犯下了許多的錯誤。

沒有陪伴孩子

雖然我自認為愛孩子，可是卻沒有花時間在他們身上。很多父親可能跟我差不多，非常看重事業的發展。白天努力工作，晚上還要加班，還要學習新知，為的是要更上一層樓。更錯誤的是，那時候的我就算有空，也跑去外面做自己喜歡的事。我認為只要把錢拿回家，給孩子買他們需要的東西，就算是盡了父親

的責任。甚至後來在我的第二次婚姻中，我對兒女也還是很疏忽，總是忙碌於工作，能夠留給孩子只有很少的時間。這是我覺得非常虧欠的地方。**因著這四方面的錯誤：沒有好的榜樣，沒有好的態度，沒有好的教導，沒有足夠的陪伴，雖然心裡非常愛孩子，卻讓自己和孩子們都經歷了不少的傷心和痛苦。**

生兒育女是天經地義

　　我的母親雖然因著戰亂的環境，沒有受過高深的教育，沒有做過偉大的事業，但是她卻成功地養育五個兒女及十二個孫兒女。帶領她所有的兒女及孫兒女都走在正路上，對社會、對國家盡些微薄的貢獻，而且全家大小都非常喜歡親近她。雖然為了工作散居各地，大家都會盡量地花時間打電話給她、探望她、孝敬她。我從她身上學會了許多正確的親子關係。我的母親不是沒有才華，她年輕的時候，也曾參加當時舞臺劇（相當於現在的電影）演出，並擔任重要角色。但當她結婚生子後，就放下一切，全心全意相夫教子。她為兒女，可以說是付出了一切，才會有今天豐碩的成果。

　　為什麼生兒育女這麼重要呢？上天創造人類之

後，人類的第一個使命就是要生養眾多，如果我們的祖先不願生兒育女，當然在這個世界上也就沒有我們了。在華人的文化中認為「不孝有三，無後為大」。中文詞彙中最惡毒的咒詛之一就是「絕子絕孫」，而用最多的祝福詞彙之一是「子孫滿堂」。這說明了華人是明白上天的心意。然而，今天的世界有許多人都忘記這個真理，忽略了家庭、忽略了兒女，才會有這麼多的亂象發生在我們的周圍。

兒女是最寶貴的產業和賞賜

過去我不明白兒女的寶貴，後來才慢慢體會到兒女是上天賜給我們永恆的產業和賞賜。亞伯拉罕是現今以色列人及阿拉伯人共同的祖先，他是一個大財主，有很多牛羊和僕俾，在當時的社會是非常尊貴又有地位的人，甚至連國王都非常尊敬他，可以說我們一般人想要的一切祝福他都有了。但是卻沒有兒女，他感到非常遺憾，他知道財富都會過去，只有兒孫不斷地傳承下去，才能存到永遠。於是，他向上天祈求兒女，上天就祝福他說：「論福，我必賜大福給你；論子孫，我必叫你的子孫多起來，如同天上的星，海邊的沙。你子孫必得著仇敵的城門。並且地上萬國都

必因你的後裔得福。」如今，這些祝福果然成就在他的身上。與此對比，**我以前花很多的時間和精力去追求學業、事業、名譽……和各種短暫虛空的事物，卻不明白兒女才是最寶貴的，是上天給我們最重要的託付。**

領養的兒女也是兒女

雖然我自己沒有領養兒女，但**以永恆的眼光來看，領養的兒女和肉身的兒女是同等寶貴**。在西方國家，許多家庭即使有了自己的兒女，也會想要領養一些孤兒，把他們當成自己的孩子來照顧。孟子說：「老吾老以及人之老、幼吾幼以及人之幼。」意思是：在贍養孝敬自己的長輩時，不應忘記其他與自己沒有親緣關系的老人；在撫養教育自己的小孩時，不應忘記其他與自己沒有血緣關系的小孩。對於單身的人來說，雖然沒有配偶可以生養兒女，但也照樣可以領養孤兒，照顧他們，將他們撫養長大，將美好的生命傳承下去。當我們都願意這樣做的時候，這個世界就會充滿了愛，這個世界就會越來越少可憐的孤兒和流浪的人民了。

屬靈的兒女

　　不管年紀多大，不管在什麼情況，**我們都還可以有另一種兒女，稱為屬靈的兒女或是門徒**。雖然他們不是我們親手養大，但是，如果我們願意承擔父母的責任，一生帶領他們、教導他們、用愛心去照顧他們，他們就是我們屬靈的兒女，我們也就是他們屬靈的父母。只要我們願意這樣做，即使沒有配偶也可以比有配偶的兒女更多。在中國的歷史上，孔子就是我們學習的好榜樣，他有弟子門徒三千人，其中精通六藝者七十二人，被稱為七十二賢人。因著孔子的教導與帶領，他訓練出許多門徒弟子，這些屬靈兒女將孔子美好的生命傳承下來，一代傳一代，我們也都領受到這美好的祝福。其實，這是上天賦予我們每一個人的使命，當我們願意承擔起這個責任，付出時間、付出愛的時候，我相信上天必定非常喜悅我們所做的，也會幫助解決我們生命中一切的困難。這些年來，我主要的工作就是培訓更多的門徒，生養教育出更多屬靈兒女，幫助他們走向美好的未來。

教育兒女的重要

　　教育兒女是人生非常重要的職責，但在教育兒女之前，我體會到自己先要以身作則，才能成為一個好的榜樣。**自己無法做到的事，就沒有資格去教育兒女**。在有了好的榜樣後，就需要非常殷勤地，不偷懶地去教導兒女。不管是在家裡，不管是在路上，不管是白天，不管是晚上，都要抓住好的機會幫助他們。當然不是時時刻刻碎碎念，這只會適得其反，而是對於不當的行為，應在適當的時候做出告誡。也並不是時時刻刻過於溺愛，養出「小皇帝」、「小霸王」來。當然父母如果沒有活出好榜樣，即使不斷教導，也是沒有辦法使兒女聽話順服。另一方面，在教導的時候，態度非常的重要。我過去常常會「惹兒女生氣」，因為在生氣的時候去批評，很容易說出一些不好的話來，不但達不到果效，反而破壞了與兒女之間的關係。

兩個真實的故事

　　美國有位社會學家研究過兩位母親以及她們的子孫，並作了如實的紀錄。撒拉（Sarah）鮮為公眾所

知，她只是一位平凡牧師的太太，生了十一個兒女，用「愛」和「敬」來教養自己的孩子；伊達（Ida）與撒拉同時代，她大名鼎鼎，以自由放縱而被眾人熟悉，最後死於酒精中毒。一百年以後，撒拉有子孫一千四百人，伊達只有子孫七百人，這人數上的差異只是一方面，對比這兩位女士後裔的組成成員，發現驚人的巨大差異：撒拉的後裔當中有大學校長十四人，政府要員六十九人，教會牧者一百人，參議員三人，大學教授六十五人，法學院院長一人，醫學院院長一人，財政部長一人，市長三人，律師一百人，總督三人，大法官三十人，副總統一人，醫生有六十六人，這是一個多麼令人羨慕和尊敬的家族。但伊達的後裔中有私生子一百人，妓女一百八十一人，乞丐一百四十二人，勞改犯四十六人，罪犯有七十六人，又是何等的悲哀。由此可見我們對子孫後代的影響有多大！盼望上天能幫助我們，讓我們能夠成為敬天愛人的父親和母親，成為我們後代子孫的祝福。

做一個成功的父親

　　成為一個成功的父親是我一生努力的目標，自從認識上天之後，我知道他是我們生命的源頭，是一位

偉大的父親，我立定心志要向他學習，我要努力成為一個成功的父親，正如中國古聖先賢孟子，他不但要獨善其身，還要兼善天下。以下幾方面我仍須努力：

生養眾多

　　我兩次婚姻當中有肉身的孩子共四位，我是非常喜愛孩子的。由於現代社會中，一般家庭都只有一兩個孩子，所以我有四個孩子是算多的。後來移民到紐西蘭，不知為何原因，我學會了關心周圍的人，只要一出門，就會把握機會去認識人，坐公車的時候，一上車就會先注意有沒有華人，一看到華人在那邊，就過去詢問是否可以坐在他旁邊，他如果同意，我就把握在車上的機會來認識他。我走在馬路上也在注意看有沒有華人，若看到有亞洲面孔，就跟對方說「你好」，如果對方回復我，我就會同他聊天，邀請他帶家人朋友到家裡來吃飯，我的妻子貞也非常歡迎大家來，她會準備豐盛的食物來招待大家。我們家每週五和週六晚都接待許多人前來，在國外異地他鄉，許多移民都覺得非常孤單無助，當我們這樣做的時候，真的幫助了許多人。當然我們也得著了上天的賜福，我們全家都特別順利，尤其在我學業上，博士學位得到

了最優異的成績。

好的榜樣

　　兒女的眼睛是雪亮的,當我和妻子敬天愛人,遵循上天的法則生活的時候,兒女們看得很清楚。當我們走出去,關心周圍的人,幫助困難的人。當我們在家裡,生活很規律,飲食很健康,家裡整齊清潔,兒女們都是在聽、在看和在學習,不知不覺中我們就做了一個好的榜樣。他們看到爸爸媽媽怎麼做的,即使現在做得還不夠好,但是這些種子都在他們的心中,他們將來會慢慢朝我們的方向來前進。最近,我的小兒子搬出去住,我們到他家,看到他把家整理的非常整齊清潔,我們都感到極為欣慰。

左:海南島親子之旅之一
右:海南島親子之旅之二

李宗瑞
反敗為勝

再例如，即使有不喜歡的人打電話過來，我也不會讓兒女替我回復說「爸爸不在家。」因為這種事情是不能做的，我們絕不能說謊，要做個誠實的人，表裡如一。我們對待別人很有禮貌，這些兒女都看在眼裡，他們都會照著去學。我跟妻子都很孝敬我們的父母，每天打電話回去，在經濟上支持他們。我們所做的這些，兒女都看到了。我相信他們長大以後也會效法。因為孝敬父母在世必會蒙福，而且還會長壽，這是上天給我們的應許。去年，我的大女兒和大兒子特別邀請我到海南島度假，招待我享受美好的假期，為我帶來難忘的回憶。我小女兒也說將來想買個大房子給我們住，雖然我們不期待兒女給我們什麼，但是當兒女有這份孝心的時候，我們就已經很滿足了。

好的教導

當我的人生觀、世界觀和價值觀被調整改變後，不再去追名逐利、貪圖享樂、自私自利。相反的，盡可能的去關心別人、幫助別人。兒女們看到我們所說所做的一切時，這就是我們身教言教最好的內涵。妻子曾教導兩個小的孩子，從小去學習關心有需要的人，幫助他們去認領孤兒，他們過去每年都會收到從

菲律賓孤兒寄來的信。在許多落後地區的孤兒，他們的情況很糟糕，經費不足、老師不足、一切物資都不足。我們在澳洲生活條件較為優裕，平時節省一點零花錢，甚至只是減少一次在餐廳吃飯的機會，就可以省下幾十塊澳幣來養活一個孤兒一個月，使他們不僅吃飽穿暖，還可以接受教育。希望有更多的人願意認領孤兒，幫助他們擺脫被世界遺棄的命運，讓他們也感受到這個世界仍然有愛。

　　通過幫助有需要的人，我們的價值觀可以被調整到正確的方向，我們不再只為金錢和享樂而活；**賺錢的目的是透過我們的錢財去幫助別人**。我們去探訪別人時，都盡可能帶著孩子一起去，讓他們從小就耳濡目染，學習如何去關心、幫助別人。多年以前，當我和妻子帶著小兒子和小女兒一起出國旅遊時，在路上有很多乞丐，我兩個孩子的表現讓我心裡很受感動，他們自動自發地把本來計劃買些旅遊紀念品，平時積攢的零花錢，送給那些乞丐。我認為這就是我們平時對兒女教導最好的體現。當孩子們很小時，我們就告訴孩子要學習奉獻。妻子也常常提醒他們，希望他們從小就養成一個願意「給」的習慣。我認為樹立正確的價值觀和人生觀是教養子女過程中很重要的一環，就是要教導他們去把握人生中永恆的，而不是短暫的

事物。教養兒女懂得人生不是追求自己的享樂，而是把握每個機會去幫助和服務別人。

好的態度

對大多數人來說，可能最不容易做到的就是保持良好的態度。很多父母，特別是我自己，個性比較急，看到孩子有些地方做不好，有時真的很急也很氣。當我生氣時去教導孩子，就當然沒有好聽的話。上天知道我需要更多的愛，於是就透過我的幾個孩子，讓我漸漸學會了忍耐。當我不贊同的時候，甚至生氣的時候，學會了安靜不講話。**孩子總是有年少輕狂的時候**，總是有一些做得不那麼正確的時候。我現在比較會耐下性子來，為他們祈禱，把握一個合適的機會勸勉他們，也學會尊重他們的選擇。比如在兒女選擇大學專業時，我讓他們自己做決定，也尊重他們的選擇。

永不放棄

上天也通過屬靈的兒女改變我容易放棄的個性。當我遇到不容易帶領的人，有時候會想，算了，不要

管他了！當我軟弱的時候，上天總會加添力量給我，將愛加倍（Agape）的愛充滿我，讓我學習永遠不放棄，讓我能夠繼續愛下去。愛加倍的愛不是情感層面的愛，而是意志的愛。這種愛就是我決定愛你，無論喜歡不喜歡你，我都愛你；無論你對我好或不好，我仍然愛你。感謝上天，透過肉身兒女和屬靈兒女們對我的幫助，我現在仍然在努力，要有更好的態度對待每一個孩子，努力要作一個成功的父親。

邁向成功

過去我沒有好的榜樣、沒有好的態度、沒有好的教導，也沒有花時間陪伴兒女，是個失敗的父親。但是當我三十八歲走到人生盡頭，來到上天的面前，逐漸瞭解了正確的親子關係。生兒育女乃是天經地義、兒女是人生最寶貴的產業和賞賜、而且領養和屬靈的兒女跟肉身的兒女同等寶貴，並要有好的榜樣和態度來教導他們，如今我這個父親的角色也就越來越成功了。回想在我第一次婚姻失敗時，大女兒曾與我有很大的隔閡，但是現在我們已成為最好的朋友，常常打電話聯絡，在寫這本書時，她也幫助我做了許多美好的潤飾。我和其他的孩子也都彼此相愛。如今我真正

上：大女兒、大兒子與我
下：我和兩個大孩子一同探望奶奶

瞭解了上天的心意，我將繼續努力地去生養眾多（屬靈兒女）、努力地成為一個更好的榜樣、努力教導他們建立更正確的三觀、也努力地用更好的態度來與他們交流。求上天繼續來幫助我，也讓我透過這些寶貝的兒女，學習成為一個更好的父親。

小女兒和我

Memo：在美國讀書時，常常想念孩子，甚至躲在街角大哭。我雖然愛孩子，卻不知如何做個好父親，直到認識這位天上的父親，我才從他身上逐漸學會重建美好的親子關係。你是否也渴望成為一位好的父母？是否也希望做些改變，能幫助你和兒女建立親密美好的關係？

李宗瑞
反敗為勝

我和兩個兒子

上：小兒子和小女兒和我回台探親
下：小女兒和男友回台探親

李宗瑞
反敗為勝

第六章

長年結巴口吃
卻成為知名講員的突破

　　一個從小緊張害羞，無法正常說話，結巴到
二十六歲的人，如今卻成為在世界各地，在講台上侃
侃而談的講員。一個過去常說負面消極話語，為他人
帶來傷害的人，如今成為使用積極正面話語，為人帶
來激勵，為人帶來醫治，成為祝福別人的人。這是一
個什麼樣的過程呢？

講話重要麼？

　　學生求學期間，學校經常安排學生上臺發言或做
演講，要會講話；畢業之後找工作，更需要會講話，
能否得到我們所申請的職位，往往取決於面試過程中
的自我表述；工作以後，隨著經驗的增加，可能需要
管理其他人，要向公眾講話。因此在職場上，言語的
能力通常是評價個人綜合能力的關鍵因素。至於生活

方面，和異性朋友交往，婚姻關係裡的溝通，家庭中教導兒女，凡此總總，**人生的方方面面都需要懂得如何講出合宜的話**。很少有人生來就喜歡在公眾面前演講的，相反，大多數人都很害怕碰到這種場合，有的會緊張到語無倫次，而我就是這樣的人，甚至緊張到完全說不出話來。但如今我卻能夠經常在世界各地演講，希望我的個人經歷會對大家有所幫助，因為每個人都需要懂得如何善用言語的力量去提升自己、去祝福別人。

從結巴到講員

我從小就結巴口吃，面對必須要說話時，卻說不出來。這個問題曾經給我帶來極大的痛苦，甚至痛苦到每當我知道要上臺講話之前，就開始緊張，一直緊張到上臺後，我會全身發抖，整個臉通紅，恨不得地上有個洞可以鑽進去。每次都是感覺非常丟臉的痛苦經歷，對我的自信心打擊也很大。那時候認識我的人應該無法想像，今天的我居然可以站在台上面對公眾侃侃而談。這究竟是如何轉換過來的呢？

李宗瑞
反敗為勝

小時候的經歷

　　我小時候為什麼會結巴呢？我想主要的原因是我身體虛弱。因著身體虛弱，我特別害羞和膽怯，害怕見到陌生人，那時我非常內向，家裡面每次來客人的時候，我總是往屋子裡躲，甚至連吃飯也不敢出來。但父親是軍人出身，在家裡也是軍人作風，他不喜歡我們躲在屋子裡面，很多時候他會揪著我們的耳朵，逼著我們出來跟客人打招呼。父親這種高壓政策並不奏效，不僅沒有幫助我開口講話，反而使我更說不出話來了。另外就是我的個性比較急，內心很想把話趕快說出來，可是越是著急，就越說不出來。這種情況一直到二十六歲才勉強好轉。結巴給我帶來各種負面的反應，第一個就是內心的焦慮：碰到任何需要講話的場合，我都會非常緊張和恐懼。雖然之前準備了一大堆，結果到時，腦子裡一片空白，我拼命想要說話，但就是說不出來，一句完整的話也說不出口。現在回想當年的種種尷尬場面，還歷歷在目，每次經歷都令我感覺顏面盡失，彷彿所有眼睛都等著看我出糗，全身會不停地出冷汗。也因為如此，從小就養成非常害怕跟陌生人交談的個性。那我是如何得著醫治了呢？

上天興起了環境

　　高中畢業後，我考上了私立大學，也考上了隸屬於國防部的中正理工學院。當時沒有太多選擇，如果去讀私立大學，父母無力支付高昂的學費；而我也比較懂事，理解家裡的經濟情況，決定去讀軍校中正理工學院。軍校有一個要求，對我而言非常麻煩，就是時常要喊口令。結巴的人就會理解喊口令比一般講話難度還要大些，因為如果是一般對談，可以隨情況講任何一句話。而口令永遠是事先規定好的，沒有辦法調整或改變，當被要求喊口令時，你必須喊出已經規定好的幾個字。所以我一到喊口令的時候就會非常緊張，越緊張就越糟糕。

　　在軍校一集合就是一兩百人，作部隊整理時，通常是先向右看齊，接下來再向前看。當我喊「向右看齊」之後，我總是到這個時候就被卡住，此時大家的頭已轉向右邊，都等著我喊出「向前看」，但我偏偏在這時，就是喊不出來，我內心的煎熬是可想而知的。由於被「喊口令」這個重擔所壓制，軍校生涯對我而言實在苦不堪言、不堪回首的經歷。在那四年軍校學習中，有些同學紛紛退學，因他們受不了各種嚴格的制度而離開了。我其實比他們更痛苦，更想退

學，但是想到父母對我的期待，沒有放棄，還是堅持讀完了軍校。

畢業之後又被分配到陸軍野戰部隊服役，排長當了兩年半。而這四年的軍校生活，及兩年半的部隊都必須喊口令，可以說給曾經結巴的我帶來最大的考驗。但因無處可逃，再丟臉，還是要面對這些事。喊不出口令時，拼命喊也要喊出來。**上天就通過這六年半的環境，把我的結巴基本治好了**。在此之後，我又調到陸軍通信電子學校當老師，那時在臺上講課，就已經輕鬆了些，直到二十六歲，困擾我多年的結巴的問題總算解決了。現在回想起來，內心真是充滿了感恩。

話語的改變

這幾十年來，我深深體會到，要讓話語帶著能力，不僅要能夠開口流暢地說話，更要學會說出信心的話語。在說話的內容上、方式上，我都需要做許多的改變和調整。我們都知道，說出去的話如潑出去的水，是很難收回的。**急性子的人一定常為說過許多不好的話而後悔不已，即使寡言少語的人也都難免會有說錯話的時候**。一般情況，我們在外人面前比較容易

克制住自己，但對親近的人說話經常是口不擇言。如果希望擁有強大話語能力為自己及別人帶來祝福，不但要能夠侃侃而談，而且要能說出正確的話、信心的話，積極正面建設性的話語來。

改變生命

要改變言語之前，必須先要改變生命。通常我們心裡想什麼，我們的嘴就容易說什麼。在日常生活中不經意的就會講很多不好的話、負面的話、淫亂的話、傷害的話，甚至三字經罵人的話。我認得一些人，雖然年紀不小了，還是不知不覺就說出三字經來！所以，生命的改變是言語改變的基礎。**我努力建造自己的生命，讓自己越來越聖潔，越來越有正能量，才能說出大有能力祝福的話語。**

改變性格

不但生命要改變，性格也需要改變。我的個性比較急躁。「急」其實並沒有不好，但「躁」就不好了。知道自己的問題，就需要尋求上天的幫助，慢慢調整自己急躁的個性。與人交往時，**提醒自己要快快**

的聽，慢慢的説，慢慢的動怒。上天創造我們，給了我們兩個耳朵，一個嘴巴，這就說明「聽」比「說」更重要。

但具體要聽什麼呢？首先要聽對方說。有時候對方還沒講完話，我就會衝口而出，去打斷他們。我需要學習忍耐下來，去尊重對方，用心的去聆聽對方的心聲。另外，就是需要聽來自內心的聲音，有時候裡面有聲音不斷提醒我：「閉嘴，閉嘴，閉嘴，不要再講了！」我就應該趕快把嘴閉起來，可是有時就是閉不起來，繼續衝口而出，想要講個痛快，結果說了一大堆讓自己後悔的話。性格上的改變真是需要來自上天的幫助，當我願意謙卑的學習，並在生活中不斷操練，久而久之就不容易出錯了。

改變內容

另一個方面就是在說話的內容上也要改變。跟一般人交往的時候，我們很容易變得人云亦云。最近有人邀請我去參加一個商會所舉辦的餐會，整晚上所聽到的不是吃喝玩樂，就是怎樣賺錢發財之類的話題。雖然談論這些沒有什麼大錯，但我的生命已經被改變，就不想把生活的重心放在這些短暫虛空的事物

上。類似末日迷蹤（Left Behind）這種警世的電影能幫助我們明白，費盡心思所賺的一切物質，終有一天都會變成一文不值。真正需要追求的是能夠存續到永恆的事物。我期盼在與人交往時，盡量多分享一些彼此**互相安慰、互相勸勉、互相鼓勵，能夠彼此互相建造生命的話語內容，才不會枉費我們寶貴的生命。**

改變結果

當我的生命、性格和內容改變後，結果也就跟著改變。這些年來藉著正確的話語，已為自己以及他人帶來了許許多多的祝福。雖然世界上到處都會有紛爭，無論是家庭、學校、工作場所、朋友之間，都會產生很多的衝突！如果我們想要避免，就要小心所說出來的話。說出來的話好像丟出去的球一樣，丟紅球出去，彈回來的必然是紅球；丟綠球出去，彈回來的也是綠球。**若說出祝福的話，彈回來的就是祝福；若說出咒詛的話，彈回來的也是咒詛；**當我們罵人的時候，人家肯定也要來罵我們。求上天幫助我們，使我們能夠在話語上有徹底的改變，就是沒有咒詛，只有祝福。

李宗瑞
反敗為勝

開口祝福別人

　　既然言語那麼重要，究竟如何使用言語去祝福別人呢？首先就是要強化我們裡面屬靈的生命，當屬靈生命越來越豐盛的時候，就能更多更大地祝福別人。當我們憑著信心說出來的時候，事情就會成就。**我們若憑著信心為病人祝福時，病人就會被醫治**。我曾經為許多病人祝福祈禱，病人就得著了醫治。甚至有些被醫生放棄的癌症病人，他們跑來找我，也因著我祝福的話語，神蹟式的得著康復，盼望我們都能常常開口去祝福別人。

破除咒詛的言語

　　在我們的生命當中，的確會有或多或少的詛咒影響著我們。這些詛咒雖然看不見，但確真實存在，就壓在我們身上，好像孫悟空的緊箍咒一樣，不管怎麼努力，就是沒有辦法突破。有些人婚姻就是無法幸福，親子關係就是不好，身體就是不健康，事業就是不成功、錢財就是存不住……等等。為什麼這些倒楣事情發生在生命當中？究其根本是因為有許多咒詛無形中已加在我們的身上。

在這些咒詛當中，有許多是來自握有權柄的人對我們說出負面的話語所產生的，權柄是指我們的父母、老師、老闆、上司、丈夫、醫師……等等。例如，父母是兒女的權柄；丈夫是妻子的權柄；老師是學生的權柄、老闆是僱員的權柄；醫生是病人的權柄。我們身為權柄的，講話要特別小心，如果不小心講一些負面的話語，就會變成了咒詛。就像我女兒小時候，房間收拾不乾淨，我看著不高興，經常教訓她說：「看看你的房間就像豬窩一樣！」當我不斷重複說的時候，她的房間就越來越亂，越來越像豬窩。所以父母對兒女所說的話語是帶著力量的。再例如有些癌症病人，當醫師宣告只剩下三到六個月壽命時，這些病人就真的在三到六個月內過世！這也是權柄所帶下來的咒詛。

　　還有自加的咒詛，如果我們一天到晚常說「我不行」、「我不能」、「我不會」，我們就真的越來越「不行」、越來越「不能」、越來越「不會」了！或者我們也會不經意地常說「我胖死了」、「我累死了」、「我氣死了」、「我餓死了」。這其實就是自己為自己不斷宣告咒詛，結果，自己就真的越來越「死了」。

　　所幸的是，**當我們發現這些咒詛在我們的生命**

當中時，我們是可以去破除的，破除的方法就是用祝福的話語去取代咒詛的話語。例如，我取消過去錯誤的話語，宣告我女兒的房間是整齊清潔的，結果，我女兒的房間現在真的比我的房間還要乾淨。再例如，我的父親八十五歲時，檢查出來得了肺腺癌，主治醫師對我父親說，他只剩下三到六個月的生命。但我憑信心宣告醫師講的話在靈界無效，我用了三個月的時間，每天都宣告我父親的癌症得著醫治，果然在三個月後，醫師發現我父親的癌症完全消失，奇蹟式的得著了醫治，他健康的活到九十四歲才平安離世。

管理自己的言語

我們要謹慎自己所說的話，除了不要說負面的話，還要多說正面的話。要想做到這點，必須要小心自己的心思意念，要常提醒自己小心說話。最近看了一檔電視節目，If You Are The One——非誠勿擾，其中有一位嘉賓是法國男士，他可以在三位女嘉賓中選擇一位，這位法國人提的最後一個問題是「如果你辛苦工作一天非常疲憊，回到家裡，看到桌上有半杯好喝的飲料，你會怎麼說，你會怎麼做？」結果只有一位候選人的答案是符合這位嘉賓的擇偶標準，她說：

「看到這半杯飲料我好高興啊，我就一口氣把它喝掉了。」這位法國男士解釋他問此問題的原因，是因為他要選擇一位有積極人生觀的人。正如他所說的，如果你要選擇對象的話，最好找個有積極正面思維的人。有些人看到半杯飲料就說「可惜，只剩下半杯了！」還有些人則會說「太好了！我還有半杯！」這兩種人我們要選擇哪一種？我們當然應該選擇思想積極正面的那人。

其次就是要**少說責備的話，多說鼓勵的話**。對我個人而言，這是比較有挑戰的一件事情。我和我太太都有些完美主義，非常努力工作，盡可能的做好每件事，我們自然而然的也希望別人會跟我們一樣。但是上天還是不斷的在提醒我，要多說鼓勵的話，少說責備的話。因為責備的話語多半是負面的，非常容易為其他的人帶來負面的影響。而鼓勵的話則好像蜂蜜，能滋潤祝福他人的心田。上天希望我們努力在話語上沒有過失，成為一個完全的人。所以我們需要努力把自己的嘴巴勒緊，把自己的舌頭管好。

另外，我們還要**學會常說感謝讚美的話語**，例如，在早上起床剛睜開眼睛的時候，就可以說，「這又是美好的一天」。當我們在生活中，即使遇到一些不順心的事，我們也要學會說出感謝的話語、讚美的

話語。一開始可能不容易，但慢慢操練，我們就真的能夠在逆境中，因著這些正面積極的話語，而反敗為勝了。

超自然奇妙的轉化

我小時候最怕見陌生人，也最怕講話，從小結巴到二十六歲，後來雖然不太結巴了，但也常說出一些負面的話語，甚至是傷害人的話語。而現在的我一點都不怕陌生人，不論遇到級別職位再高的人，再大的場合，我內心都沒有懼怕，因為上天已奇妙的改變了我。他醫好了我的結巴，使我能自然流暢地說話，也改變了我的生命，改變了我的性格，改變了我說話的內容，也改變了我話語的能力。使我這些年來，透過話語的能力，行使了無數超自然的神蹟。安慰了許多人的心靈、醫治了許多人的疾病，解除了許多人的困境、祝福了許多人的生命。**我相信每一個人，只要願意學習，都能藉著話語為別人帶來想像不到的祝福。**

Memo：說話是人生一輩子的功課。過去因著結巴，為自己帶來許多痛苦。因著負面的話語，也曾為他人帶來許多傷害。如今的我透過話語卻為他人帶來安慰、鼓勵、醫治與祝福。我相信你也可以發揮你話語的大能，為自己、為他人帶來美好的未來。

李宗瑞
反敗為勝

第七章
財務破產歸零
卻贏得真實富足的獎賞

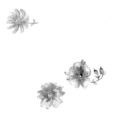

　　三十八歲財務破產一切歸零，從頭開始建立家室。三十年後，財務從缺乏變為豐盛。不但一家人生活足足有餘，更有餘力幫助有需要的人。不但自住房還清貸款，還有餘錢參加一些投資項目。更重要的是，不但在地上不再貧窮，更深信在天上必將富足。

財務破產的原因

　　我還算是年少有為，大器早成。在青壯期的我，經濟上已經有了一定的基礎，因著我的努力，完成了碩士學位，順利進入同學們最期盼的中科院工作，研究發展不但是理工科學生最喜歡的工作，待遇上，除了有正常軍官的薪水外，還有高額的研究加給。穩定高薪的工作，再加上我個人頗為節儉以及具備投資觀念，在當時，我比同學們在經濟上有了更好的條件。

然而在三十八歲因著離婚的原因，我的財產一個月之內就歸零了。

道德出現問題

　　道德問題常是財務受到損害非常重要的因素之一。打開報章雜誌，就可以發現許多成功人仕，常常是因著道德上的錯誤，甚至有時只是微小的瑕疵，都會造成財務上很大的損失。我有一個同學，他是一個很好的人，但因著長官要他和其他人一樣，收受一些不應該拿的賄絡，造成他在財務上極大的損失。雖然他只拿到很少的賄款，但東窗事發之後，他也和其他人一樣，都鋃鐺入獄。不但失去了工作，也失去了領取終身俸的資格，這為他個人及家庭帶來何等大的傷害。至於我的問題，就是在婚姻之外去找女朋友。儘管覺得婚姻不幸福，但也不能做為犯錯的藉口。對於大多數的夫妻而言，各種大大小小的吵鬧和衝突都在所難免，就像牙齒和舌頭太靠近，總是會有咬到的時候，但婚外情對婚姻造成的傷害幾乎是無法彌補，因此前妻堅持要求離婚也是必然的結果。當孩子決定跟母親走，為了不讓他們沒有地方住，就把房子給了他們。多年來辛苦工作節省投資的資產也沒有了。

李宗瑞 反敗為勝

家庭出現狀況

　　正如我的情況，當婚姻和家庭出現狀況時，許多人在經濟上產生了很大的虧損。在我認識的人當中，有人因著配偶，有人因著孩子，也有人因著父母的貪婪及揮霍無度，不但帶來財務上的損失，也帶來家庭紛爭。所以花時間建造自己的家庭變得非常重要。很多人因忙於工作，忽略了家庭，雖然前方事業成功、財務增加，但後方家庭失和，支出漏財不斷。賺進來的錢，放在破洞的錢袋中，不知不覺流光了。我也見過一些人，因著過於投入工作事業，忽略自己和家人的健康，缺乏時間休息和運動，結果英年早逝或晚年又將大把的錢花於醫療當中。就像家人中，只要有一個生了重病，有時就會傾家蕩產，家庭對財務來說，有著重要的影響力。

染上不良習慣

　　任何惡習都可能毀掉我們的一生。最嚴重的，首推毒品，因著毒品造成的災害，是眾所周知的。賭博使人不可自拔的故事，也到處可聞。我認識一位公司老闆，工作認真、個性憨厚，照理說是一個很有前途

的老闆及公司。然而這家公司一直處於危急的狀況，原因就是他喜歡賭博，他說工作太累，需要去賭場放鬆一下。就這樣，公司的錢就被他「放鬆」掉了。其他的股東知道後，非常的生氣，這家公司就在這種情形下停滯不前。至於酗酒帶來的災難，不但嚴重傷害身體，也傷害心靈，輕則酒後發酒瘋，破壞人際關係，重則酒後開車，酗酒後做出種種愚昧的事情，走向家破人亡。其他還有許多惡習，**如好色、好吃、抽菸、購物慾、打遊戲……等等，一旦上癮，害己也害人，不可不慎。**

不懂投資理財

我年輕的時候就知道，用錢去賺錢比用人去賺錢要好得多。當我開始工作後，就想努力存錢，希望盡快去買房子。然而在台灣，軍人的待遇卻不高，存了幾年也沒有多少錢。看到房價步步高升，心中非常著急，就在房價最高的時候，急於出手買了一套房子。當然自備款非常少，大部分都是銀行貸款。一開始的時候，覺得還可以付擔的起，沒想到銀行的利息開始不斷的調高，收入的大部分都繳給銀行。當時也想賣掉減輕負擔，但由於當時利息太高，房價下降，即使

想要照原價賣出去，都已經不可能。其實這就是房地產的規律及陷阱，當時的我只有投資的概念，卻完全不了解應該如何投資。以至於有好幾年都在背負高額利息，使得我在財務上受到不少損失。許多人都想要快速發財，有人買彩券、有人炒股票、或是做投機生意，其實沒有做好功課，多半都是血本無歸。想想我在買房子的事情上，缺乏多方面評估，如交通地段、政府政策、利息選擇、投資時機等等，也是過於急躁了！

屬天理財原則

　　當我來認識上天之後，才逐漸明白一些屬天理財的原則，若是遵守這些原則，必定是會逐漸富足而有餘。這些原則不但可以幫助我們在財務上富足，也可以幫助我們的品格、生命上富足。不但可以幫助我們在今生富足，也可以幫助我們在永恆裡富足。**古聖先賢說：德不配位，必有災殃**。如果我們的德性配不上我們所擁有的地位，就必有災禍發生。生命上的富足才能承載物質上的富足。這才是我們應該認真來追尋的。以下列舉一些基本的原則：

勤勞節儉儲蓄

首先我們必須勤勞，才有可能成功，一個懶惰的人，無論在任何環境下，都難有所成就。愛迪生的成功是包含了九十九分的努力，以及一分的天分。在他發明電燈以前，他經歷了無數次失敗。如果沒有勤勞的耕耘、播種、灑水、拔草、施肥、除害，就不可能有豐收的到來。有些人想要不勞而獲，想要坐享其成，但天下沒有白吃的午餐。**有了勤勞所帶來的收穫後，就容易懂得珍惜，因為知道這些都得來不易。**節儉是一種非常好的美德，我們就算有再多的錢，也不應隨便浪費。我們知道由儉入奢易，由奢入儉難，一旦養成奢侈的習慣，就很難再節儉了。現在很多年輕人是月光族，一旦有個急事，就沒有任何積蓄可用。2020年新冠疫情發生，造成許多公司倒閉或停業，人們無法工作，失去收入，美國請領失業金人數創下歷史新高，許多西方人面臨極大的財務困難，部分原因就是他們沒有儲蓄的習慣。因此，勤勞加上節儉才有可能儲蓄積累錢財，一旦有了第一桶金，就可以開始進入用錢去賺錢的階段，才有可能在財務上更上一層樓。

忠心誠實知足

　　三國時期，有一位猛將呂布武藝高強、英勇善戰，有一身的本事，但卻因性格中缺少了忠心，多次見利忘義、背信棄義，叛變主人，至終沒有好下場，最後也被自己的手下出賣，將其綑綁後交給曹操，落得斬首示眾悲慘的結局。在職場上，忠心常比能力更加重要。**老闆固然需要有能力的人，但忠心卻是老闆用人更重要的考量。**上天也希望我們對人對事都忠心耿耿，如果我們能夠在小事上忠心，上天就會提升我們的能力，將更大的事交給我們管理。

　　其次，誠信是無價的，誠信才可以得著他人的信任。網路上有篇文章講到，在二戰前夕，德國巴比納信託行，專為顧客保管貴重財物。戰爭爆發後，所有顧客都快速把財物取走逃難而去。老闆也迅速逃離，只剩僱員西亞忠心留守清點最後賬目，發現唯有一個叫萊格的顧客還沒有把東西取走，那是一顆價值50億馬克的紅寶石。西亞就將寶石和所有託管文件及賬目一直帶在身上四處奔走逃避戰亂。戰爭結束後，西亞帶著三個孩子回到柏林，信託行的老闆已在戰亂中死去，信託行已被夷為平地。但西亞仍然保管著賬目和寶石，守住信託行的信譽。

二戰後的許多年，西亞和三個孩子一直過著極其貧苦的生活。雖然當初委託信託行保管寶石的萊格也在戰亂中去世，那顆價值連城的紅寶石早已無人認領，西亞完全可以把它賣掉，過上富裕的生活。可是她沒有，她覺得那是顧客的財物，她只能保管。後來，當地政府成立戰爭博物館，蒐集二戰遺物，西亞便把她所保管的賬目和紅寶石拿了出來。政府多方努力，幫助西亞找到了萊格的孫子道爾，道爾心中極其感激，答應將寶石賣掉後一半給西亞，西亞卻婉言謝絕，只收取了那些年的保管費用。

　　西亞的事蹟上了新聞，人們都被她的誠信所感動，許多公司邀請她擔任榮譽總裁，甚至商會總顧問，她都婉拒謝絕了。西亞去世後，幾家公司找到她的兒子克里斯，要求買斷西亞的名字命名信託公司。最後透過競標方式，柏拉圖信託公司以80億馬克的天價獲取了西亞的冠名權。許多人不解，為何一個名字能值那麼多錢？柏拉圖公司總裁說，「西亞」不僅僅是一個人的名字，它代表的是一種企業精神，一種誠信象徵，80億買到這個榮譽，是非常值得的！柏拉圖信託公司從此更名為西亞信託公司，交易量果然一路攀升上去。

　　誠信之所以能夠創造價值，就因為誠信本身就是

無價的。當你把誠信當成信仰和責任，你就贏得了人們的支持和信賴，無窮無盡的財富也會因此而產生。同時，誠信也會得著別人的原諒。我們在工作中難免有做錯的地方，如果我們坦白承認自己的錯誤，並且願意盡力去改正，必能得著再一次的機會。說謊，常需要用一個新謊去圓一個舊謊，周而復始終究會被發現，一旦被拆穿，就很難挽回他人的信任。

　　此外，知足的心也很重要，因為知足能帶來喜樂。1990年，美國時代週刊在兩整頁篇幅中，以『貪婪之島』來描繪台灣。台灣某雜誌曾分析這背後的原因，在那個年代，因為大量熱錢湧入，使得股市衝上萬點，金錢遊戲開始嚴重影響人們生活的步調。各種賭博式、投機式的金錢運作，如炒股、炒房、六合彩等充斥台灣社會。為了發財，各種迷信，甚至綁架也時有所聞。當時的貪婪之氣在海陸空蔓延開來。漁船出海不再是為捕魚，而是去走私，這是「海」的貪婪。在陸地上，人們爭相購買紅毛猩猩、蟒蛇、馬來貘、長臂猿、巨型蜥蜴、陸龜、金剛鸚鵡等走私動物來炫富，這是「陸」的貪婪。在空中，政府又以大量黃金來吸引所謂的「反共義士」們劫機來台，這是「空」的貪婪。

　　當金錢成為最重要的價值觀時，命案、綁架等瘋

狂的事件就不斷發生。如尹清楓命案、彭婉如命案、劉邦友命案、白曉燕命案…等等。整個社會的貪婪風潮一直到1999年的921大地震後才有所改善，人們開始思考，原來生命比金錢遊戲和追逐欲望更加重要。之後，義工制度開始更多的建立，非營利慈善組織也變的更加健全，社工團體成為穩定社會強大的非政府力量。

一個人如果貪婪，什麼事情都會做得出來，小至個人，大至國家，都將走向敗壞。我們活在世上，有衣有食，就當知足。而知足就會帶來常樂，常樂就會帶來健康，帶來和諧。當然知足並不是鼓勵我們懶惰，奧古斯丁說：「**不是財產的問題，而是慾望的問題。你可以有許多財產，卻不貪心。你也可以一無所有，卻很貪心。**」盼望我們都能殷勤努力，但也節儉知足。

施比受更有福

賺錢的目的其實不僅僅是給自己用，也是盡我們的責任，照顧好自己的家人，也要去幫助有需要的人。**上天希望我們成為一個慷慨的人，他的法則是當我們願意給出去幫助別人，他就給我們更多，使我們**

有能力去幫助更多的人，這就是理財正向循環。我有一個多年的老友，他就是一個這樣蒙福的人。每次我回台灣，若有機會去探望他時，他總是慷慨地請我吃飯、送我禮物，甚至有時怕我做一個傳道人生活困難，硬要塞錢在我的口袋。據我觀察，他不是只有對我如此，他對待朋友都是這樣，實在是一個少見的慷慨之人。雖然常常這樣大方地給出去，上天卻大大祝福他，不論他做什麼生意，都是非常的成功。

遠離所有罪惡

很多人不成功的時候還能安分守己，家庭和樂。一旦成功，驕傲自大狂妄就接踵而來，家庭的和睦安詳也就消失無蹤。特別是錢財，非常容易叫人敗壞，我們在努力賺錢的時候，更需要努力修身養性，保守自己的心，才能勝過所有的試探和引誘。一個人越成功，所受到的試探和引誘就越大。如果生命不夠成熟和穩定，卻擁有太多錢財，反而會害死自己。所以我們要立定心志，決心倚靠上天過聖潔的生活，將自己的三觀調整好，盡量與上天的法則對齊，才能保守自己永不失腳。如果已經養成一些不好的習慣，或是長年遭受莫名破財的咒詛，就更需要來到上天面前，倚

靠他得著徹底的釋放，才能自由地開展豐盛的一生。

領受上天啟示

　　走在人生的道路上，經常會面對十字路口，不知何去何從。尤其在投資理財方面，做錯決定而造成財物損失，更是時常發生。最近，我有些朋友就是因著選錯合夥人，或是投資錯誤的項目，造成極大的損失，甚至要對簿於公堂，也不一定能拿的回來。因此**我們在做決策時，需要倚靠來自天上的啟示，才能做出絕對正確的決定**。然而上天的啟示並非容易得著，但只要具備以下幾點必能聽到他的聲音：活出對的生命、保有正確動機，秉持敬畏的心，全然的順服，同時也要花時間，耐性地等候默想。雖然不容易，卻是絕對值得，上天必會祝福愛他的人。

建立永恆觀念

　　有一個財主，他田產豐盛，心裡思想說：「我出產的農作物多到沒地方收藏，怎麼辦呢？」又說：「我要把我的倉房拆了，另蓋更大的，在那裡好收藏我一切的糧食和財物，然後要對我的靈魂說：『靈魂

哪，你有許多財物積存，可做多年的費用，只管安安逸逸地吃喝快樂吧！』」然而，上天卻對他說：「無知的人哪，今夜必要你的靈魂，你所預備的要歸誰呢？」從這個故事中，我們看到這個財主其實是一個努力工作、殷勤籌畫的人。只可惜，他只顧念今生的享受，卻沒有為永恆做預備。相比將來永恆的世界，我們在地上的生命其實是非常的短暫，我們需要調整自己的眼光，做上天要我們做的事情，才能為自己積存永恆的產業與獎賞。

財務反敗為勝

　　三十八歲財務歸零後，我需要從頭開始建立一切，從美國回到台灣中科院，工作五年順利退休。完成博士學位後，回應上天的呼召，開始全職事奉的工作。雖然傳道人的薪資微薄，但卻一無所缺，因為我早已養成簡樸生活的習慣。這些年來，在財務管理上也在逐步學習，如今不但已還清自住房屋的貸款，還有餘額參與一些投資項目，使我和家人在生活上足足有餘。更重要的是，都是按著上天的法則來處理錢財，我相信在永恆的國度必然成為富足。

道德煥然一新

　　一個人在事業上成功，但若經不起誘惑，在道德上犯錯，這個人多年所努力的，極有可能在霎那間化為烏有。算命先生曾說我是桃花運，與另一位還在牢裡的李宗瑞類似。如果我們不抵抗這命運，順從桃花運而亂搞男女關係，結局想必淒慘。正如有些影星，誹聞不斷，葬送自己的前途。有人可能會問，命運能夠改變嗎？我個人經驗覺得，靠自己是非常困難，因為命運與天性相連，而本性是最難改的。當我回到上天面前，立定心志，依靠天父的幫助，徹底改過自新。這過程需要攻克自己肉身的慾望，叫身體服從裡面屬靈生命的命令。一開始會比較不容易，但只要下定決心，就會得勝有餘了。

成為給予的人

　　我天生個性比較節約，自己節儉慣了，也就不容易大方起來。但上天希望我們不但能夠嚴以律己，也要寬以待人。這些年來，從小到大，從少到多，在奉獻上、在給予上不斷提升，逐漸成為一個慷慨的人。當然慷慨不是亂花錢，而是在上天要我做的事情上絕

李宗瑞
反敗為勝

不吝嗇，不打折扣。奇妙的是，當我越給出去，就越加蒙福。好像有一個天窗為我打開，不但自己蒙福，家人也跟著蒙福。家父的癌症得著了醫治、大弟換肝成功、母親的肺癌未經任何治療也得著完全的醫治，還有許多大大小小的祝福，實在都難以數算。

照顧自己的家

向家人負責是做人基本的原則。雖然我移民在外，但對家人的照顧一點都不應減少，供應父母及岳母生活的需要是必須的。感恩的是，退休之後仍有終身俸可領，這筆金額，每月都轉帳到他們的帳戶，再加上姊弟也同樣孝順，使父母多年來在生活上一無掛慮。除了經濟上的支持，每天都會打電話與母親聊天，問候關懷代禱，給予父母心靈上的慰籍也是同等重要。上天喜悅我們這樣做，孝敬父母的人，必定蒙福，並且在世長壽。

積財寶於永恆

我常常想起所羅門王的一生，年輕時享受一切的榮華富貴，年老時才覺悟到，他在日光之下所做的一

切都是虛空，只有做日光之上的事情才能存到永恆。什麼是日光之上的事呢？就是上天要我們做的事。世上的錢財就像玩大富翁遊戲般，遊戲結束時，在遊戲裡的金錢及產業有什麼用呢？所以不管在世上累積多少財富，離開這個世界時，都是無法帶走的。當明白這些道理後，我自然希望盡量按著上天的旨意來安排人生。我要做日光以上的事情，要將錢財盡量積存在日光之上，雖然肉眼看不見，但信心的眼睛已經看見，我相信我在天上有許多的財寶，甚至超過我所求所想。因為天上的數學不是按照地上的數量多寡，而是按照比例的多寡。當我完成芯片設計的博士學位，立刻放棄熱門且能賺大錢的專業，回應上天的呼召，將自己完全奉獻給他，我相信他必紀念，他必賜福到永永遠遠。

Memo：有人說，金錢是最好的僕人，卻是最壞的主人。我們千萬不要成為金錢的奴隸，我們生不帶來，死不帶去。讓我們用永恆的眼光，照著上天的旨意來管理手中的金錢，我們就必成為富足。你同意嗎？

李宗瑞
反敗為勝

第八章
只想一死了之
卻找到永恆價值的盼望

　　在我人生最得意的時刻，想著很快就可以完成美國名校的博士學位，回到台灣中科院，不久就可以飛黃騰達了！然而天有不測風雲，一個月之內，我失去了一切所有，將我從高峰摔入谷底。當時的我對人生徹底絕望，只想一死了之。沒想到，人的盡頭卻是上天的起頭，真是所謂：不到黃河心不死、不見棺材不掉淚。一切的本事都用盡的時候，才終於降服下來，尋求上天的幫助，使我整個人生完全的反敗為勝。

曾經絕望的人生

　　1990年我走到了人生的絕境。當時我是公費留學生，在美國排名前十名的大學攻讀電子工程博士學位，心想回台灣之後，只要繼續努力下去就有升為將軍的可能，成為博士將軍是我當時最大的夢想。但我

的前妻卻要求我立刻回台灣，逼我簽下離婚協議書，第一次的婚姻就這樣徹底失敗。由於我非常愛孩子，很渴望能擁有孩子的撫養權，但是兩個孩子最終決定選擇媽媽而不是我，我覺得被孩子也拋棄了。在美國攻讀的博士學位，就還差一年多就可以完成，在那樣的情況之下，也讀不下去。回到中科院之後，無法再擔任原本副主管的職位，甚至被隔離在一個角落冷凍起來，前途也蕩然無存。雪上加霜的是，因為從小體弱，在那樣的打擊之下，身體也出現了許多狀況。那時，無論從哪個角度看，將來的道路都是通往絕望，就在那時，父母將我帶回到教會，在上天的面前，**整個人生開始從絕望中看到了盼望。**

尋「道」之路

面對已死的內心，那時一滴眼淚也流不出來。雖然跟著父母回到教會，卻像行屍走肉，沒有任何感覺，如同掉在大海中即將沉沒，垂死的內心深處似乎仍拼命想向上天呼喊求救。幾個月後，一天在聚會中，突然感受到一股強大的能力從天而降，充滿在我心中，這股力量，使我得著全然的釋放，在數百人面前大哭起來，內心的痛苦，就在當下完全宣洩出來。

教會長老走到我面前，邀我下午去禱告。就在那天，我終於真正遇到了生命的主宰。

代罪的羔羊

　　兩千多年前「道」降生為人，來到世上。藉著聖靈降臨在童女瑪利亞身上，她懷孕生子，「道」就成為肉身，取名叫**耶穌**。神愛世人，他希望將我們人類從罪惡與死亡當中拯救出來，因此，必須要有一位完美無瑕疵的人來替我們死，為人類成為代罪的羔羊。問題是：我們都不是完美的人，都是罪人，我們都有驕傲、嫉妒、貪心、自私、仇恨、說謊……等等不完美之處，所以我不能替別人死，別人也不能替我死。因此「道」必須來到世上，活出一個完美的人，**他愛我們，他願意為我們流血捨命、為我們成為代罪的羔羊**。

「道」的言行

　　當「道」剛來到世上時，世人卻不認識他。他就藉著他的言行將「道」表明出來。當我們留意他所說的話語，就會發現，其實都是真理。他說「別人打

你的右臉，你左臉也給他打」、「別人搶你外面的衣服，你連裡面的衣服也給他」、「你要愛你的仇敵，為逼迫你的人來禱告」。他的話語就是我們行為依據的真理。當我們再觀察他所做的事情，就會發現，實在都是恩典。他使瞎子能夠看見、聾子能夠聽見、啞巴開口說話、瘸腿的起來行走、甚至死人從死裡復活。他所行的神蹟，就是上天要賜給我們的恩典。

信「道」之人的言行

當我們信從這「道」，「道」的生命也會從我們的言行上表現出來。例如「道」也曾藉著我的言語行為，幫助許多人饒恕那傷害他們極深的人。使他們脫離仇恨、心靈得著釋放、身體恢復健康、夫妻親子關係重歸於好、事業恢復正常、債務得以清除，也使許多人得著超自然的醫治。當然不只是我，每一位真實信「道」之人都可以透過言行將「道」彰顯出來，使周圍的人得著益處。

永恆的盼望

人能活到永遠嗎？早在上天創造人類的時候，

就已將永生的概念放在人的心中。這就是為何自古到今，人們都在想方設法地尋找長生不老的祕方，秦始皇甚至派出五百童男童女，前往東瀛去尋找仙丹。然而，永生卻不是人類靠自己可以得著的，唯有回到造物主面前倚靠他才能得著。當我們接受這「道」成為代罪的羔羊，成為我們的救主，我們的罪就得著完全的赦免，而成為聖潔。他就將永恆的生命賜給我們，住在我們裡面，帶領我們一生的道路，使我們過得勝的生活，得著豐盛的生命。這就是我們歷代祖先所追求的人生最高的境界「天人合一」。不只如此，當我們離開這個世界，就是我們的靈魂離開短暫的身體，這身體也可以說是我們靈魂的帳篷，上天就會派天使來接我們的回到他的身旁，回到在天上的家，過著永遠幸福美好的生活。

不再怕死

我從小就非常怕黑，怕獨處，怕魔鬼，其實就是怕死。但人類為何會怕死呢？我相信許多人都有些靈異的經驗，像是被鬼壓床的經歷。事實上，這個世界的確有天使，有一次黃昏時刻天色已暗，我開車回家，路上除了前面的砂石卡車和我的車外，並沒有什

麼車輛。卡車開得很快，我開得更快，我就將車開到右邊的車道，想要超越他。然而當我正在卡車的右後方時，卡車突然向右轉彎，而右邊並沒有任何可轉的路，可能是卡車司機以為右邊空地就是他要找的砂石場。在緊急情況下，我同時直覺地做了三個動作，按喇叭、踩剎車和轉方向盤。但出現在正前方的，卻是極粗的水泥柱電線杆，以開車多年的經驗，我知道是必死無疑。然而就在那一瞬間，有個非常大的力量，將卡車和我的車同時往左邊移動，我的車就在卡車和電線杆中間飛越出去。等到我回過神來，我發現卡車已離我極遠，**我知道若不是上天派天使來拯救我，我是絕對無法逃避這次的災難。**

　　既然世界上有天使，當然也絕對有魔鬼（或是稱為墮落的天使）。我有些朋友曾向我分享，他們家人離世前，看到魔鬼，甚至帶著鎖鏈前來，就在極度驚恐中離世。但也有一些朋友告訴我，他們的家人離世前，看到天使來接他們，甚至有些天使告訴他們何時會來接他們走，到那時候，他們果真平安長眠離去。如果我們去請教醫院的護理人員或有看護垂死病人經歷的朋友，他們就會告訴我們，當病人看見一些平常人看不見的東西時，他們知道這個病人將不久於人世了。

李宗瑞
反敗為勝

通常在離世前的幾天，人們的靈眼將被打開，就會看到靈界的天使或魔鬼。當然也有極少數的人活著的時候就有通靈眼，隨時可以看見靈界事物。人離世之前若看到的是魔鬼，將被帶到可怕的陰間，這就是為何人們害怕死亡的原因。但若離世前看到的是天使，將被帶到美麗的天堂。當我們領受天人合一的恩典時，平安就會進入我們的心中，對死亡的恐懼就會逐漸離開，我們會越來越確信，當我們離世時，必定是天使來接我們回到天堂，那將是我們永遠的家鄉。

永恆的財富

上天應許我們不止是得著永遠的生命，永永遠遠的活著。而且將來在天上為我們預備了不會朽壞，不會衰殘的永恆產業。我們今天在世上，辛辛苦苦的工作，我們所積存的，可能在霎那間化為烏有。1999年台灣埔里大地震，我和同事們到埔里去賑災，看到一對夫妻站在他們倒塌的房子前欲哭無淚，他們辛苦二十年才買下的房子就這樣沒有了！他們說：「難道我們還要再用二十年打拼，去買另一棟房子嗎？我們還有什麼盼望呢？就算我們能夠如此，但不知哪天再來一個地震，一切不都是又完了嗎！我們的房產能夠

有保障嗎？」看到這對夫妻的絕望，其實不也是世人的絕望嗎！如今，我早已醒悟，**地上的錢財既然都帶不走，我決心將短暫的錢財為上天所用，將財寶積存在天上，我相信這是最好的投資。**

充滿盼望的人生

我們不論在人生的任何階段，在順境或在逆境中，只要願意來倚靠上天，他總是為我們帶來無窮的盼望。當然絕大多數的人都像我一樣，在人生的絕境中，才會來尋求上天的幫助。即使如此，上天也是憐憫為懷，伸出他的手來幫助我們，使我們起死回生，使我們反敗為勝，使我們抬起頭來，為他做美好的見證。三十八歲對我而言，是一個極大的危機，但也是一個極大的轉機。當我全心全意倚靠他時，他就使我的婚姻、我的親子、我的學業、我的事業、我的健康、以及我的財務全部**反敗為勝**。面對前面的道路，不論是晴是雨，我相信他必看顧。

新冠疫情打亂世界

自從2020年開始，新冠肺炎病毒不知從何而來，

霎那間，從武漢開始爆發，蔓延到全中國、蔓延到全世界。人們被迫長久隔離，原本正常的生活與工作完全被打亂。如今大半年已過，疫情在全球許多國家仍在不斷的擴展當中，目前感染人數已上升到一億人左右，死亡人數也超過了二百多萬人，這些數據也可能只是冰山的一角。自從疫情發展以來，整個世界發生了巨大的變化，人與人之間無法正常來往、許多小型生意無法維持，許多大型公司也相繼倒閉，人們都在默默期盼疫情早日結束，期盼能早日恢復正常的工作與生活，然而截至目前為止，仍似遙遙無期，使得人們心中這小小的盼望，也越來越變的絕望。

種瓜得瓜，種豆得豆

面對如此艱難的環境，有些人會想，為何上天將這些苦難臨到我們身上，其實不是上天不愛我們，這些苦難也非由他而起。我們都明白，種瓜得瓜，種豆得豆。世人種下罪惡，收穫的就是災難。上天將這個世界交給我們人類管理，但如今，讓我們看看這個世界，我們就會感嘆，世風早已日下，人心早已不古。道德似乎早已不在人間，公平公義也早已蕩然無存。由於人類的私慾，濫墾濫伐、濫用有限資源，使得整

個大自然也向人類反撲。這都是人類自作自受的報應。這次疫情帶來最好的結果，就是讓這個被人類摧殘的地球稍得喘息的機會，也讓人們一個反思反省的機會，人類的科技與醫學在這疫情面前是何等的脆弱不堪，我們還能驕傲的說「人定勝天」嗎？

悔改是得救的開始

當這些災難接踵而來的時候，我們不應怨天，也不應尤人。我們應謙卑地來到上天面前，向他認罪悔改，他總是寬容慈愛的赦免我們的罪、醫治我們的土地。烏干達是一個最明顯的例子，多年前阿敏總統執政時，聯合邪惡勢力，實施恐怖獨裁統治，結果造成罪惡氾濫，帶來天怒人怨，民生凋敝，更慘的是愛滋病蔓延全國，三分之一的人得了愛滋病，三分之一的人有了愛滋病毒，剩下的三分之一也將面臨愛滋病的感染。在所有人的眼中，這個國家已經沒有任何希望。而奇妙的是，當現任總統穆塞維尼於1986年上任後，多次帶領全國百姓認罪悔改，得著上天的赦免，帶來全國性的轉化。許多愛滋病人神蹟般的得著醫治，愛滋病的防治工作達到極大的果效，不但人心改變遠離罪惡，甚至連貧瘠的土壤也都變成肥田，使得

烏干達成為轉化成功最美好的見證。

絕望變成盼望

面對新冠病毒，甚至將來更可怕的瘟疫到來，我們並不需要絕望，因為**吉人必有天相**，當我們信靠上天，做上天要我們做的善事，瘟疫來時，他必定會保佑我們。我相信天無絕人之路，不管我們遇到多麼大的危險，只要向掌管天地海的上天呼求，他必會搭救我們。上天在聖經中應許我們：「你必不怕黑夜的驚駭，或是白日飛的箭，也不怕黑夜行的瘟疫，或是午間滅人的毒病。雖有千人仆倒在你旁邊，萬人仆倒在你右邊，這災卻不得臨近你。（詩篇91：5-7）」願這樣的盼望充滿在我們心中，不論環境如何，他必永遠看顧我們。

Memo：孔子說：朝聞道，夕死可矣。在我38歲時，我真正找到了這位「道」，就是耶穌。他將我絕望的人生完全翻轉了過來。其實，每家都有每家的煩惱。在你的人生當中，是否也有哪方面的絕望？寫下來，交給耶穌，他會同樣的幫助你反敗為勝。

第九章
面對末日景象
卻領受超前部署的啟示

　　我們如果仔細觀察世界局勢，就會發現所謂的世界末日即將到來，即使是92歲高齡的家母，看到現在世界的亂象，都感受到末日的逼近。身處在這樣的時代裡，我們不應坐等末日降臨，而是倚靠上天做好準備的工作。末日方舟計畫將可幫助我們度過各種可能的災難，迎接大同世界的到來。

來自上天的啟示

　　我在2017年8月23日於雪梨靈糧堂的一篇講座結束後，同事像往常一樣上傳到YouTube。沒多久，我大女兒偶然間發現，這篇講座的點擊率快速飆升。再沒多久，又有人告訴我，這篇講座被上傳到大陸的YouKu網上，YouKu上的點擊率在一年內竟然超過一百萬次（可能話題敏感，一年後被強制下架）。再不多久，來自

各國的郵件紛紛而來，邀請我前往舉辦有關末日的講座及特會。這時，我突然明白過來，我所傳講的這篇信息乃是來自上天的啟示。從此開始，我就在上天一步步的帶領下，開始了一系列有關末日的講座，並且開始籌建末日方舟（逃城），預備世界末日的到來。

何謂世界末日？

從科學界及宗教界都有許多所謂世界末日的說法，從科學界來看，科學家設了一個末日時鐘，由芝加哥大學的《原子科學家公報》雜誌於1947年設立，每年一月進行一次評估，標示出世界距離毀滅的距離，午夜零時象徵世界末日來臨，而影響末日時鐘撥動前進或後退的主要因素包含核子武器、生化武器、氣候變化、網絡安全和魯莽的領袖。**最近一次調整在2020年1月23日，末日時鐘被撥近子夜二十秒，距離子夜只剩一百秒，是末日時鐘自設立以來最接近午夜零時的一次。**

末日666獸印

從聖經上的記載來看，在這個世界的末了，地球

上將會有**七年大災難**。在這七年當中，會有超過二分之一的人類死亡，而聖經啟示錄預言了這七年當中所要發生的主要災難。我在前面提到的那篇講座題目是「聖經『末日666獸印』預言即將成真」，主要內容就是講到啟示錄中的一個預言。在世界末了時，將會有一個大罪人出現，他是一位世界級的領袖，他將會有權柄和能力，強迫全世界的人在右手上，或在額頭上植入一個**人體晶片**，這就是啟示錄中所記載的數目為666，被稱為**獸的印記**，藉此來操縱控制全人類。若拒絕植入晶片的人將無法做任何的買賣，也就是說屆時將買不到任何食物可吃，甚至有被殺害的可能。

人體晶片已出現多時

由於我本身是晶片設計的博士，因此比大多數人更容易了解晶片的設計與製作。事實上，晶片的技術已非常先進，台灣政府自西元2000年開始即強制執行，所有的寵物都必須接受晶片的植入，以便於管理。晶片能夠植入在動物體中，當然也可以植入在人的身體中，許多國家都在積極的研發和推廣當中，其中以瑞典的使用最為快速。

1968年，卡爾桑德斯博士在美國政府的授權與支

助下，開始人體晶片的研發，歷經32年的研究，開發出像米粒大小的射頻識別晶片（RFID Chip），內含的鋰電池可藉著人體體溫變化自動充電，而唯一適合安裝晶片，也是人體體溫變化最大的兩個地方，是在右手及額頭上。當他發現這個研究結果正巧與聖經啟示錄十三章十六節的預言吻合，知道他所發明的人體晶片就是將來大罪人要使用的666獸印，桑德斯博士感到極其的後悔，但所有權已屬於美國政府，他已無法銷毀，如今只好到處勸人千萬不能安裝。

2002年，美國VeriChip 公司採用RFID射頻識別技術研發出一種可植入人體的晶片VeriChip。VeriChip植入人體內後可被讀取，包含個人住址、聯絡電話、病歷等個人資訊。雖然，可植入人體的微型晶片一經推出就伴隨著隱私爭議及反對聲浪，但潘朵拉魔盒一旦打開，豈能輕易收手。

2006年，美國辛辛那提一家監控公司率先在它的員工植入RFID微型晶片，適用範圍是所有在其安全資料中心工作的員工。到2015年，歐洲的瑞典就有100家公司大約2000名員工植入了晶片，用於進入公司或公司某些特定區域，甚至可以預定火車票。2017年，美國威斯康辛州Three Square Market公司給它的80位員工的手部植入晶片，掃描後可進入安全區或使用公司

電腦和自動販賣機。2018年11月，瑞典晶片植入公司Biohax在英國尋求與企業合作、拓展業務。還有消息說，BioTeq公司將他們的產品銷往日本、中國等市場。目前越來越多的人已接受晶片的植入，享受晶片所帶來的便捷。

晶片的好處

晶片是現代科技的傑作，在如同米粒大小的晶片中，能夠為人類帶來太多的好處。例如，晶片能代替鑰匙，手一揮，房門、車門、保險箱門就能夠打開，車子、電腦就能夠啟動。人們再也不需要鑰匙，再也不需要記住密碼，每個晶片上的密碼都是全世界獨一無二的。有了晶片，再也不需要現金、不需要金融卡，甚至不需要手機支付功能，晶片將連接於銀行帳號，自動完成交易。有了晶片，也不用擔心小孩走失、老人迷路、自然災害搜救、或被惡人綁架，晶片定位功能使警方立刻找到他們的所在。有了晶片，可以完成像家庭醫師的功能，幫助量血壓、血糖等健康的指標，提醒我們吃藥，指示我們需要採取的醫療行動，到了醫院，只需掃描晶片，所有病歷立即可得。有了晶片，將可取代所有身分證明，護照、身

分證、駕照等等都不再需要，搭機、過海關，都只需掃描晶片即可。將來晶片還可無線操控手機，發射接收信號，甚至可取代手機。晶片也可以使人腦與電腦連結，想要什麼資訊，立刻可得，得著即時學習的果效。再透過超強義肢，或輔助設備，人類將可發展成為具有超級智慧及能力的超級人類。

晶片的壞處

　　雖然人體晶片能夠為人類帶來許多的好處，但也使人類可能成為生化人，或是帶著人皮的機器人。首先因著定位功能，**人類將不再擁有隱私，我們的一舉一動完全被掌控**。更糟糕的是，當大罪人出現時，他將使用電腦，透過晶片控制我們的人腦，從此，我們的心思意念也將被控制。**人類將失去上天賦予我們最寶貴的自由意志**，我們將失去良心和良知，淪為大罪人手上作惡的工具。表面上，晶片為人類帶來許多便捷的同時，卻能使人類不再是原來的人類。大罪人將使用晶片對人類威嚇利誘，透過各種是似而非的謊言來欺騙世人，以達到他控制人類的目的。

666獸的印記

為何獸印的數目是六百六十六呢？經研究發現，英文每個字母都有其所代表的數字，A代表6，B代表12，C代表18⋯⋯以此類推。按此數字將電腦（COMPUTER）中每個字母的數字加起來，正好是666。同時，所有商品上都有一組條碼數字，而每個條碼的最右邊、最中間及最左邊的數字都是6，也就是說每個商品的條碼上都有666。因此可以判斷，**將來大罪人將透過電腦大數據及人體晶片來控制人腦，並控制所有人類的行為，包含了所有交易的行為**。如果安裝了人體晶片，人類將失去靈魂，如果拒絕安裝晶片，人類就無法進行買賣，將面臨斷糧的危機。

半人半機器

由於人類的驕傲，「人定勝天」就成為人類的目標。藉著現代科技的發展，人類希望自己主動進化成為超級人類。人們都希望得著更多的智慧、更大的能力，在這個競爭的世界裡出人頭地，贏得更多的資源，賺到更多的金錢，享受更奢侈的生活。2017年在上海就舉辦了一場造就未來大會，他們的口號是要

淘汰百分之九十九沒有用的人類，想想這是多麼自私又可怕的目標。事實上，在這個世界上有許多「菁英分子」，他們的確在計畫著使用各種方式淘汰至少百分之九十以上的人類，好讓他們能享受地球上更多的資源。為了這個目的，生化人、半人半機器人都在快速的發展當中。甚至他們計畫透過複製身體及下載思想，來達到永生的目的。但即使成功，他們卻已失去了靈魂，不再是真正的人類。

末日自然的災難

由於人類的貪婪，沒有正確使用地球上的資源，造成全球氣候暖化，給全人類帶來越來越嚴重的自然災害，各種極端氣候帶來的災難已不斷破了歷史紀錄。包含洪水、乾旱、地震、海嘯、颱風、火山爆發、山林大火、龍捲風、土石流、崩塌、落雷、冰雹、蝗災、病蟲害、瘟疫、霧霾⋯⋯等等，都是一年比一年更嚴重。由於南北極的溫度年年上升，而南北極冰層底下所埋藏的沼氣及千古瘟疫，一旦因著冰層溶解而釋放出來，對人類將帶來更多毀滅性的傷害。以目前的觀察，**所有自然災害正在以指數式的曲線發展當中**，也就是說，所有災難發生的級數及頻率都

李宗瑞 反敗為勝

在快速增加。而指數式曲線的臨界點，科學界預估在
2045～2050年間，在臨界點之後，若非在外力的保護
下，地球將會發生崩潰現象，人類將難以存活。

核子武器

　　核武器是人類歷史中所發明出最可怕的武器，沒
有任何武器比核彈更具殺傷力、更具破壞性，當一枚
核彈爆炸後，可瞬間殺死數十萬人，甚至數百萬人，
其餘周邊的人也將死於輻射線的傷害，整個城市及附
近地區都將遭受嚴重傷害。目前擁有核彈的國家及數
量，包含美國和俄羅斯各擁有約7000枚核彈頭。其他
核武國家分別是，法國約300枚、中國約270枚、英國
約215枚、印度130枚、巴基斯坦140枚、以色列80枚、
朝鮮20枚。除此之外，還有一些國家都在祕密研發
中，例如伊朗。其中光是美國及蘇俄所擁有的核彈就
足以將地球毀滅數百次以上，更擔心的是這些擁核國
家一旦出現魯莽的領導人，或是一些恐怖組織，就隨
時會出現擦槍走火，而引發核戰爆發。

生化武器

第一次世界大戰是人類歷史上第一次有規模有意識地使用生化武器，例如德國、法國及英國都使用過的芥子毒氣，據統計當時因毒氣傷亡的人數達百萬人以上。在二戰期間，侵華日軍就廣泛研究和使用生化武器，組建了專門的細菌作戰部隊，即731部隊。他們當時投放了霍亂、鼠疫、傷寒等病菌，污染水源和食物，造成疫病流行，致使大量無辜平民死亡。生化武器乃是利用生物或化學製劑達到大規模殺傷敵人，這些致病微生物一旦進入體（或牲畜）便能大量繁殖，導致破壞人體功能、發病甚至死亡。它還能大面積毀壞植物和農作物等。由於它傷害太嚴重，性質極其惡劣，所以已被定為禁用武器。然而世界各國仍有許多實驗室，正在祕密研發各種生化武器，希望殺人於無形。包含新冠病毒也被各國懷疑是否是某種生化武器。當生化武器在戰爭中被大量使用時，將會造成人類大量的死亡，這是僅次於核彈威力的可怕武器。

網路安全

網路化時代早已進入商業、軍事、政府……等人

類的各個層面，厲害的電腦駭客透過網路可攻進所有可能的系統，進行偷竊、欺騙和破壞。各國政府都意識到網路安全的重要性，紛紛成立網絡戰爭的部隊，進行各種網路攻防戰。現代武器系統幾乎走向全自動化，如何保護武器系統的安全，不受到網路駭客的攻擊，是最起碼的防範措施。同時在這爾虞我詐的世界裡，所有國防機密、政府機密、商業機密，甚至個人資料，都有可能被竊取，被竄改。在各國勢力的博弈當中，網路安全成為不可或缺的因素。更可怕的是，在前面提過的大罪人出現時，他將使用電腦和網路，透過人體晶片，達到控制人腦的目的，所有的人類將面臨網路安全的恐怖當中。

糧荒到來

糧食的缺乏將成為人類在末日死亡的主因之一。首先是由於全球能源的不足與昂貴，逼使各國政府開發所謂的綠色生質能源，就是將農作物轉化成為能源，因而造成糧食的緊缺及糧價的上漲。其次就是過度濫墾結果造成土地沙漠化與耕地的減少，各種極端氣候使農作物及漁獲量也大量減產、數千億的蝗蟲又吃掉了許多糧食，近日，新冠疫情的傳播使得人們無

法正常工作生產，導致2020年有許多農業大國為求自保，紛紛限制糧食出口，糧價也在不斷的升高當中，聯合國也一再警告糧荒可能到來。可以預見的是，**將來不管何種戰爭一旦爆發，糧荒將成為人類最重大問題之一。**

世界末日的景象已顯明

如果我們仔細觀察，就不難發現各種災難都在以指數式的曲線發展當中。以地震為例，從上個世紀開始，地震的強度及頻率，都在快速增加。進入本世紀以來，六級以上的強烈地震就不斷的發生，甚至人們都習以為常不再訝異，成為所謂的「新常態」。除了地震以外，各種天災人禍也都是以同樣的模式發展中。

2020年一開始，上天就啟示我：今年不準備，明年就後悔。接著各種末日的景象不斷發生在眼前，例如，澳洲大火延燒數月、菲律賓呂宋島火山爆發、中美貿易戰、新冠肺炎病毒疫情蔓延、六級以上地震接二連三、美國伊朗衝突導致烏克蘭客機被誤擊而墜毀、東非數千億隻蝗蟲的災害、中國南方大面積的洪災、香港及海峽兩岸的局勢、世界經濟的衰退以及糧

食短缺的危機等，一再顯示出末日已近，我們必須正式啟動末日方舟計畫。

末日方舟計畫

　　根據聖經記載，大約在西元前三千年左右，上天啟示挪亞建造方舟，逃避大洪水的災難來保全生命。如今世界末日已近，上天也在感動一些人，為即將到來的災難做好預備。在上天的引導下，我和我的團隊從2020年4月開始，正式啟動末日方舟計畫，並在澳洲正式註冊成立雪梨方舟協會，為末日災難的到來做好預備的工作。

　　我們計畫從2021年開始購買大型農場，為有需要的人們預備一個可以逃避末日災難的地方，我們稱它為末日方舟，也稱它為逃城。在農場裡，最主要的就是一切都要自給自足，不再倚賴外界資源。我們需要預備糧食、預備住處、預備水電。這個地點必須離大城市兩小時以上的車程，可以逃避核彈的威脅、逃避瘟疫的傳染、逃避一切可能的災害。在災難期間，我們將秉持各盡其職、各取所需，互助互利的原則，度過末日的災難。

　　在災難尚未來到之前，方舟農場會先作為當地居

民或外地遊客的觀光農場，我們將建造以健康為主題的渡假村及退休村，為大家預備渡假、養生、育樂等有益身心的活動，及一系列反敗為勝的課程，幫助大家在各方面都能得勝成功。歡迎大家提早前來體驗方舟的美好環境，也歡迎退休人士前來長期住宿，享受美好的退休生活。同時我們也將建立可以住宿的中小學校，歡迎對公立學校教育失望的家長們，可以將孩子送到方舟，我們不但在知識上教導他們，更會在品格上建立他們，帶領他們走在人生正確的路上。

末日反敗為勝

雖然目前的世界是一個淫亂邪惡的世界，正義公理幾乎不復存在，因著人類的敗壞與貪婪，為爭奪資源的各種型態戰爭將更為劇烈、大自然的反撲將更為可怕、上天的審判也終將到來。但是，我們不需要懼怕，上天必將會來拯救我們，**在七年大災難後，「道」將再次降臨世界，他將帶領世人重回正軌**，重建這個被摧殘破碎的世界，恢復成為伊甸園的光景，他將以公平和公義來治理世人，世界上將不再有戰爭，整個人類將成為人人有德，人人敬老，人人愛幼，無處不均勻，無人不飽暖的理想大同世界。

當然，面對末日災難的來襲，我們須要做好預備，為自己和家人預備一個可以逃難的地方。歡迎大家加入我們在澳洲雪梨的方舟，雖然沒有人確定末日何時開始，但從聖經的預言可以知道，當以色列開始建造第三聖殿，就是七年大災難開始的記號，這也就是在災難期入住方舟的時刻。屆時，我們需要盡快收拾細軟，帶領家人來到方舟，我們將在上天特別的保護下，安然度過可怕的災難，並迎接新興世界的到來。

註：歡迎參考「面對末日超前部署」講座視頻
https://www.youtube.com/watch?v=hVXiwPKxOI0&t=2s

　　Memo：面對末日災難，我們不是坐以待斃，乃是有備無患。你是否也查覺到一些末日的景象？你是否也為末日做了一些準備？若是還沒有，不妨想想看有哪些工作是可以開始著手的，儲存糧食？學習農作？遠離城市？或是其他。讓我們做好準備，帶著期待的心等候新生孩（大同世界）到來之前的陣痛，願上天大大祝福您。

國家圖書館出版品預行編目資料

李宗瑞反敗為勝／李宗瑞著. --初版.--臺中市：
白象文化事業有限公司，2021.4
　　面；　公分.——（people；26）
ISBN　978-986-5559-86-1（精裝）
1.李宗瑞 2.基督教傳記
249.933　　　　　　　　　　　110001817

people（26）
李宗瑞反敗為勝

作　　　者	李宗瑞
校　　　對	李宗瑞
專案主編	陳逸儒
出版編印	吳適意、林榮威、林孟侃、陳逸儒、黃麗穎
設計創意	張禮南、何佳誼
經銷推廣	李莉吟、莊博亞、劉育姍、王堉瑞
經紀企劃	張輝潭、洪怡欣、徐錦淳、黃姿虹
營運管理	林金郎、曾千熏
發 行 人	張輝潭
出版發行	白象文化事業有限公司

　　　　　　412台中市大里區科技路1號8樓之2（台中軟體園區）
　　　　　　出版專線：（04）2496-5995　　傳真：（04）2496-9901
　　　　　　401台中市東區和平街228巷44號（經銷部）
　　　　　　購書專線：（04）2220-8589　　傳真：（04）2220-8505

印　　　刷	基盛印刷工場
初版一刷	2021年4月
定　　　價	250元

白象文化　印書小舖 PressStore出版服務　出版・經銷・宣傳・設計
www.ElephantWhite.com.tw　f 自費出版的領導者　購書 白象文化生活館